“十二五”普通高等教育本科国家级

教育部经济管理类核心课程教材

Financial Statement Analysis Cases

财务报表分析案例

（第2版）

张新民　钱爱民　编著

中国人民大学出版社
· 北京 ·

致读者

在经济快速发展的今天，尤其是在大数据、互联网＋、云计算等新兴技术条件下，人们的日常生活与决策都与企业财务报表紧密相关。财务报表分析已经从专业化知识变成通识知识。“财务报表分析”课程在大学里也有成为通识课程的趋势。

在过去 25 年里，我一直致力于解决中国企业财务报表分析理论与方法体系的建设问题。在这个过程中，我先后实现了从财务报表的比率分析到财务状况质量分析、从财务状况质量分析到战略视角下财务报表分析框架的建立。

教育部长江学者特聘教授、中国人民大学教授王化成将战略视角下的财务报表分析框架命名为“张氏财务分析框架”。从实践结果来看，这个框架为认识中国企业提供了非常有效的分析工具。然而，很多读者反映，虽然教材和相关读物让他们增长了知识，但在实际分析过程中仍然感觉力不从心，缺乏对自己学习效果的有效检验。

财务报表分析
学习中心

为了让读者学习和领会财务报表分析方法、演练财务报表的分析过程、检验“财务报表分析”课程的学习效果，我们出版了这套集教材、读物与视频资料于一体的系列成果，具体包括我与钱爱民教授编写的三本“十二五”普通高等教育本科国家级规划教材、我独著的两本大众读物以及我主讲的若干视频学习资料。为此，中国人民大学出版社专门建立了“财务报表分析”立体化学习中心，用来承载相关的视频课程和案例分析资料等。

一、教材

上述三本“十二五”普通高等教育本科国家级规划教材，是与国家级精品课程“企业财务报表分析”，教育部视频公开课、资源共享课和慕课“财务报表分析”相配套的教材、学习指导书和案例，具体包括：

1.《财务报表分析（第5版·立体化数字教材版）》

本书自2008年第1版出版以来，受到广大高校教师的普遍欢迎，成为众多高校“财务报表分析”课程的首选教材，也是中国高校“财务报表分析”课程的主流教材。在十余年的时间里，历经不断修改和完善。

与从国外（主要是美国）引进的原版教材不同，本书除了介绍基本的财务比率，还重点针对中国企业尤其是上市公司财务报表信息披露的特点，对资产负债表进行了重构，以上市公司最新案例为基础对财务报表进行项目质量分析和战略信息揭示。

第5版在第4版的基础上，除了按照最新修订的会计准则及其对报表的影响进行全面修订、更新案例，还结合我录制的《财务报表分析案例集锦》视频课做了立体化改造，突破了纸质教材在篇幅和呈现形式上的局限，提供了大量上市公司最新的实际案例。

2.《〈财务报表分析（第5版·立体化数字教材版）〉案例分析与学习指导书》

本书是与《财务报表分析（第5版·立体化数字教材版）》相配套的学习指导书，内容包括对教材知识点的回顾、补充练习题及参考答案、教材中引例与案例讨论的分析提示，可以极大提高学生学习本课程的效果，提高学生实际分析报表的能力。

3.《财务报表分析案例（第2版）》

案例教学一直是教学中的难点和重点，案例教学开展得好，可以有效提高学生分析问题、解决问题的能力。本书在《财务报表分析（第5版·立体化数字教材版）》的基础上，按照战略视角下的企业财务报表分析框架、企业发展战略分析、企业引资战略分析、企业集团债务融资管理与货币资金管理分析、营运资本管理分析、经营非流动资产管理分析、利润表分析、现金流量表分析、比率分析、资产减值与企业风险分析、行业特征与企业财务报表分析、企业财务状况整体分析12个专题，全面展示了企业财务报表分析理论与方法的综合运用，并结合上市公司的实际案例进行了具体的分析。本书旨在提升广大学生分析财务报表的综合能力，是一本提升和检验学习效果的必备教材。

上述三本教材适合财经类各个专业（如会计学、财务管理、工商管理、金融学、金融工程、国际经济与贸易等）的本科生、研究生学习。

二、大众读物

在出版上述三本教材的同时，我还出版了两本较为通俗的大众读物。这两本大众读物文字活泼，恰当把握了相关概念的实质，适合不同基础的广大读者。

1.《从报表看企业（第 3 版）》

本书第 1 版于 2012 年出版，来自我为 EMBA 讲授“财务报表分析”课程的课堂实录。该书出版以来由于可读性强受到广大读者的欢迎。第 3 版以更加完善的分析框架全面阐释了“张氏财务分析框架”的精华。

很多读者反馈，对书中从报表看企业战略、看企业竞争力的内容印象深刻，收获极大。

2.《中小企业财务报表分析》

《中小企业财务报表分析》是应广大关注中小企业财务报表分析的读者的要求编写的一本通俗读物。该书以中小企业的制度界定和财务报表特征为基础，对中小企业财务报表分析的几个关键问题进行了讨论。

对于大多数仅仅关注中小企业财务报表分析的读者而言，认真研读《中小企业财务报表分析》有助于解决很多实际问题。

三、视频资料

实际上，上述关于财务报表分析的出版物已经非常丰富，但仍然有大量读者希望听听我是怎么给不同读者讲课的，希望通过观看我的视频课，了解我是怎么拿一个实际上市公司的年报做案例分析的，希望进一步提升财务报表分析的实战能力，将理论学习与实际分析能力相融合。

为此，我在中国人民大学出版社的大力支持下，录制了四个相关的视频课。

财务报表分析案例集锦

1.《财务报表分析案例集锦》

这个案例集锦由战略视角下的财务报表分析框架、利润表的变革与分析、比率分析陷阱与创新、企业发展战略分析、利润表的战略信息分析、现金流量表的战略信息分析、营运资本管理分析、非流动资产管理分析、分行业报表分析案例 9 个专题组成，共 28 讲，每讲 20 分钟。

名师示范课：财务报表分析

该视频主要适用于已经有财务报表分析基础的读者，对于提升分析能力很有帮助，与前述纸质图书形成了良好的互补。看过该视频的读者均获益匪浅。

2.《名师示范课：财务报表分析》

《名师示范课：财务报表分析》是为广大高校教师准备的，目的在于提高广大教师的教学能力与案例分析能力。

财务报表分析——中国情境下财务报表分析理论与方法的探索

3.《财务报表分析——中国情境下财务报表分析理论与方法的探索》

这是一个现场讲座，介绍了我从事财务报表分析理论与方法研究的心路历程，全景展示了中国情境下财务报表分析理论与方法的探索过程。透过这个讲座，读者也可以了解本土上市公司财务报表分析的发展历程和变迁。

4.《财务报表分析核心问题讲解》

财务报表分析
核心问题讲解

本讲座把企业设立、经营、扩张等各种活动与财务报表的外在表现相结合，站在管理者视角，以独创的“八看”分析框架为路径，对企业财务报表中的核心问题进行了全新讲解，为你透析纷繁复杂的数字背后所蕴藏的企业秘密。

由于我国财务报表信息披露、会计准则一直处于变化之中，因此，该讲座对面临变化的财务报表分析者有一定的启发。

在上述书籍和视频资料的出版过程中，得到了中国人民大学出版社的大力支持。在此，特向中国人民大学出版社致以崇高的敬意！

张新民

于对外经济贸易大学

前　言

根据长期的教学实践，我们发现，大量的教师和学生虽然有可能对教材的知识有不错的把握，但很难做到在实践中对所学财务报表分析知识的系统、综合运用，在对一个全新的财务报表进行分析时仍然感觉无从下手。

究其原因，我们认为至少可能有两个方面的欠缺：一是对知识的把握流于表面，对分析方法掌握得不够深入；二是不能将知识与特定的分析对象有机地加以结合，做出个性化的分析。

有鉴于此，本书在内容上做了如下设计：

第一，以本书作者张新民创立的“张氏财务分析框架”为主要的分析方法贯穿全书，让读者感受这套分析框架对现实分析的指导与运用价值。

第二，全书分 12 个专题展开。除了第一个是统领性专题以外，其他 11 个专题均按照“张氏财务分析框架”的主干内容展开。

第三，专题内容丰富，可以举一反三。除统领性专题外的每一个专题分为案例资料、分析要点和案例评析三部分。其中，第 2 部分是各个专题的理论基础与分析要点，第 3 部分是对第 2 部分的具体运用。为了达到更好的分析效果，有的专题案例不止一个。

本书全部案例均来自 2017—2019 年上市公司最新披露的财务信息，反映了最新会计准则对上市公司财务报告披露的新要求。本书同时还有配套的视频课程“财务报表分析案例集锦”，共 9 个专题，28 讲。主要案例来自我国上市公司的实际报表。

本书既可以与主教材《财务报表分析（第5版·立体化数字教材版）》和《〈财务报表分析（第5版·立体化数字教材版）〉案例分析与学习指导》结合使用，也可以单独使用。

本书还特别适合作为企业管理人员以及高级财会人员学习“财务报表分析”课程的高端培训教材。

限于作者水平，书中谬误之处在所难免，恳请读者批评指正。

编著者

目录

专题 1　战略视角下的企业财务报表分析框架

谈到针对中国企业的财务报表分析方法问题，不能不考虑中国企业会计制度与会计准则建设的发展沿革。作为统领全书的开篇内容，我们从中国会计制度与会计准则的变迁谈起，在此基础上讨论中国情境下的财务报表分析方法问题。

第 1 部分　从企业会计制度到企业会计准则

1.1　行业会计制度及其特征

在 1993 年 7 月 1 日建立企业会计准则体系以前，规范企业会计行为的是各个行业主管部门结合本行业特点颁布的行业会计制度。应该说，行业会计制度在很长时期内适应了计划经济条件下国家管理经济的条块分割的体制以及各个主管部门对行业会计工作的管理要求，也为企业的会计机构和会计人员处理会计业务、编制会计报表（财务报表）等项会计工作提供了制度依据和保证。那个时期的行业会计制度的特征如下：

第一，会计的概念体系独具特色。在那个时期的会计概念体系中，没有诸如资产、负债、股东权益等会计要素及与之相关的概念，仅有“资金占用（或者资金运用)”“资金来源”等概念，其中“资金占用（或者资金运用)”与现在的资产概念相接近，而“资金来源”则与现在的负债、股东权益概念相接近，那个时期的资产负债表称为“资金平衡表”。由于在基本概念上并没有资产、负债的概念，因而在资金占用的概念体系中并没有“无形资产”和“商誉”等概念，在资金来源的概念体系中也没有“或有负债”等非常重要的概念。

第二，基本财务报表仅包括资金平衡表和利润表，不涉及合并财务报表的编制和披露问题。实际上，20 世纪 90 年代初期，以营运资本为基础编制的财务状况变动表或者以现金和现金等价物为基础编制的财务状况变动表（即现在的现金流量表）已经成为主要国家和地区的第三张基本报表。与此相对应的是，截至 1993 年 7 月 1 日，中国的基本财务报表体系仅包括资金平衡表和利润表，而且将利润总额作为利润表的最后一行，即将所得税视为分配。另外，除了基本财务报表仅包括资金平衡表和利润表外，在财务报表体系中，并不涉及合并报表的编制和披露问题。这种情况与当时大多数企业没有对外控制性投资以及企业集团组成方式的复杂程度有关。例如，有的企业集团成员通过行政部门的协调及企业之间的协调而成为企业集团中的一员。即使存在控制性投资，也没有采用当时国际会计准则所规定的权益法核算，母公司也没有编制合并报表。当时解决合并报表缺陷的简单方法是投资方定期编制汇总报表（仅简单汇集、加总母公司与子公司的相同项目数字）。

第三，处于不同行业的企业的会计信息之间难以进行比较。由于不同行业的行政主管部门按照自己的管理要求规范本行业的会计工作，每个行业有只适用于本行业的企业会计制度，各个部门各行其是，部门之间不可能进行会计制度的协调。这样，不同行业之间的会计信息具有不同的口径与内涵，相互之间的比较自然也就很难进行。显然，这种适应计划经济条件的制度环境与改革开放的要求是不相适应的。在引进外资、搞活经济的发展大潮下，企业会计制度的改革势在必行。

1.2 引进外资与《中华人民共和国中外合资经营企业会计制度》和《中华人民共和国外商投资企业会计制度》的探索

1.《中华人民共和国中外合资经营企业会计制度》的颁布与施行

改革开放所带来的一个新气象是引进外资。从投资与被投资双方财务关系的角度来看，对外投资（或入资一个企业）将导致投资方的投资资产增加、所投资金将形成被投资方的实收资本。新的资本形态下所形成的企业，不仅要在中国的经济环境下运行，还要按照国际惯例为其股东编制和报送财务报表。显然，原有的在国内经济环境下运行并仅向行政主管部门报送财务报表的行业会计制度已经不适合这类新所有制条件下的企业。在此背景下，《中华人民共和国中外合资经营企业会计制度》应运而生了。

1985 年 3 月 4 日，财政部颁布了《中华人民共和国中外合资经营企业会计制度》，并于 1985 年 7 月 1 日起施行。《中华人民共和国中外合资经营企业会计制度》已经具备了一些要素，更加符合市场经济条件下的会计规范要求。例如，该制度规定企业的基本会计报表包括资产负债表、利润表和财务状况变动表；资产负债表中包括无形资产、长期投资、投入资本等概念。但也应看到，该制度作为改革开放后最早的中外合资经营企业会计制度，不可避免地存在很多历史性的局限。例如，规定“长期投资所发生的收益和损失，应作为企业的营业外收入或营业外支出入账”；主体上资产按照历史成本计价，不进行各项资产减值处理等。尽管如此，《中华人民共和国中外合资经营企业会计制度》还是在一定程度上解决了引进外资急需的会计规范问题，对改革开放和利用外资做出了应有贡献。

2.《中华人民共和国外商投资企业会计制度》的颁布与施行

随着改革开放的不断深化，《中华人民共和国中外合资经营企业会计制度》越来越不适应外商投资企业在中国的发展需求。时代的发展呼唤着会计制度的进一步改革。1992 年 6 月 24 日，财政部发布了《中华人民共和国外商投资企业会计制度》(1992 年 7 月 1 日起施行)，同时废止了《中华人民共和国中外合资经营企业会计制度》，从而把中国的会计制度建设推向了新的高度。

在《中华人民共和国外商投资企业会计制度》中，出现了大量的在市场经济条件下的企业会计元素：在概念体系中，出现了流动资产、长期投资、固定资产、无形资产、流动负债、长期负债以及投资人权益（也即股东权益或所有者权益）等；在资产减值的处理方面，出现了债权、存货等资产减值的不同处理方式；在长期投资方面，虽然继续将投资收益计入营业外收入，但出现了根据投资方对被投资方的控制力或影响力分别按照成本法、权益法编制合并报表等差异性的处理规定；在固定资产折旧方面，出现了加速折旧法；在财务会计报告方面，规定“外商投资企业的会计报告包括会计报表和财务情况说明书。会计报表包括资产负债表、利润表、财务状况变动表等三张基本报表和利润分配表等有关附表”。上述探索为我国在 1993 年 7 月 1 日施行《企业会计准则》奠定了坚实的基础。

1.3　企业会计准则体系的建立

我国从 1993 年 7 月 1 日起开始施行《企业会计准则》。到现在，我国企业会计准则已经形成了一个较为完整的体系，该体系由基本会计准则、具体会计准则、会计准则应用指南和解释公告等几部分组成。

1. 基本会计准则

1992 年 11 月 30 日，财政部发布了《企业会计准则》，并于 1993 年 7 月 1 日起施行。现行的《企业会计准则——基本准则》（财政部令第 33 号）于 2006 年 2 月 15 日公布，自 2007 年 1 月 1 日起施行，后于 2014 年 7 月 23 日修改。

基本会计准则的核心内容包括：财务会计报告的目标、会计核算的基本前提、会计信息质量要求、会计要素界定、会计计量以及财务会计报告的基本内容等。虽然基本会计准则不具备实务操作性，但它是制定和指导具体会计准则的前提条件，为具体会计准则的制定提供了基本框架，在会计准则体系中起着统驭作用。

2. 具体会计准则

具体会计准则是根据基本会计准则的要求制定的。具体会计准则就企业经济业务和经济事项的会计处理以及财务会计报告披露等方面做出了具体规定。截至 2018 年底，财政部发布了 40 多项具体会计准则。这些具体会计准则全面规范了企业的财务会计活动。具体来说，这些具体会计准则规范了以下三类经济业务或会计事项的处理：

（1）一般业务处理准则。主要规范各类企业普遍适用的一般经济业务的确认与计量。如存货、长期股权投资、固定资产、无形资产、资产减值、职工薪酬、企业年金基金、收入、建造合同、所得税、股份支付、政府补助、外币折算、借款费用、资产减值、每股收益、企业合并、财务报表列报、现金流量表、中期财务报告、分部报告、资产负债表日后事项、会计政策、会计估计变更和差错更正、公允价值计量、合营安排、在其他主体中权益的披露以及持有待售的非流动资产、处置组和终止经营等。

（2）特殊行业会计准则。主要规范特殊行业的会计业务或事项的处理，如生物资产、石油天然气开采等。

（3）特定业务准则。主要规范特定业务的确认与计量，如债务重组、非货币性资产交换、租赁、或有事项、金融工具确认和计量、金融资产转移、金融工具列报、套期会计、原保险合同、再保险合同等。

3. 会计准则应用指南和解释公告

（1）会计准则应用指南。与发布具体会计准则相适应，财政部发布了《企业会计准则——应用指南》。应用指南是根据基本准则和具体准则制定的用于指导会计实务操作的细则，是企业会计准则体系的重要组成部分。会计准则应用指南主要解决在运用会计准则处理业务时所涉及的会计科目、账务处理、会计报表格式及其编制说明，是指导企业财务会计人员进行会计处理的直接依据。

（2）解释公告。解释公告是随着企业会计准则的贯彻实施，就实务中遇到的实施问题而对会计准则作出的具体解释。截至 2018 年，财政部陆续发布了十多个解释公告，对会计实务中涉及的各类问题的处理进行了解释和说明。

从整体上看，基本会计准则、具体会计准则、会计准则应用指南以及解释公告等构成了较为完备的企业会计准则体系。这个体系基本解决了企业会计处理规范、会计披露规范问题，在一定程度上保证了企业财务会计信息质量。

第 2 部分　我国现行企业会计准则的显著特征

从 1993 年至今，在 20 多年企业会计准则的改革探索与前进过程中，我国企业会计准则呈现出多方面的特征。我们认为，最显著的特征可以归纳为以下三个方面。

2.1　与国际会计准则趋同，国际效力显著增强

2005 年 11 月 8 日，中国会计准则委员会与国际会计准则理事会（IASB）签订了中国准则与国际财务报告准则趋同的联合声明。2010 年 4 月 1 日，财政部发布《关于印发中国企业会计准则与国际财务报告准则持续趋同路线图的通知》（财会〔2010〕10 号），提出积极推进中国会计准则持续国际趋同。这意味着，中国现行的企业会计准则在变化原因、变化节奏、变化内容等方面更多地要与国际财务报告准则的变化原因、变化节奏、变化内容等方面相趋同。与国际财务报告准则趋同使得按照中国会计准则编制的财务会计报告获得了广泛的国际效力确认。例如，中国企业进入欧盟资本市场时可以直接采用按中国企业会计准则编制的财务报告。同时，更有助于欧盟在解决反倾销和认可中国完全市场经济地位时，排除会计方面的障碍。

2.2　两套报表同时披露，全面展示企业质量

《企业会计准则第 30 号——财务报表列报》规范了企业应该披露的财务报表和基本内容。该准则虽然没有明确要求企业必须同时披露母公司报表与合并报表，但该准则中包含的有关合并报表的规定，为上市公司同时披露两套报表这一披露模式

奠定了基础。

从目前的情况来看，我国境内上市公司在其披露的年度报告中，均采用了两套报表的披露模式，即所披露的资产负债表、利润表、现金流量表和股东权益变动表等基本财务报表既包括母公司报表也包括合并报表。在财务报表附注中，上市公司一般会较为详尽地披露合并报表的每一项目年度内变动情况方面的信息，以及部分母公司报表的主要项目年度内变动情况方面的信息。这样的信息披露模式全面展示了企业的管理质量和财务状况质量，为信息使用者全面把握企业的财务状况，做出更为恰当的决策创造了条件。

2.3 历史成本信息为主，兼顾公允价值信息

在过去数十年间，金融创新发展迅猛，新的资产形态不断涌现，资产的计量属性问题遇到了前所未有的挑战。在此背景下，历史成本信息遭到了强烈的抨击。用公允价值计量替代历史成本计量的呼声从未中断，并且愈演愈烈。中国会计准则的建立和改革的时期（1993 年至今），也恰恰是国际上以公允价值计量属性替代历史成本计量属性呼声最高的时期。

《企业会计准则——基本准则》对公允价值计量属性的表述是："在公允价值计量下，资产和负债按照市场参与者在计量日发生的有序交易中，出售资产所能收到或者转移负债所需支付的价格计量。"从现行企业会计准则的情况来看，中国在用公允价值计量替代历史成本计量方面是相当慎重的——仅在部分资产的计量上采用公允价值，更多资产项目的计量采用历史成本与公允价值较低的一个（即通过计提资产减值准备的方式），这种处理方式既在一定程度上保持了企业会计信息在年度间的可比性，也使得某些价值波动性较强的资产项目能反映出最新的市场状况。

第 3 部分　会计准则的动态发展与会计信息的利用

经过 20 多年的发展，中国会计准则改革取得了长足的进步。这些进步可以归纳为四点：一是建立了较为完备的企业会计准则体系；二是实现了与国际会计准则趋同；三是建立了符合市场经济要求的会计概念体系和财务报告体系；四是完成了企业财会工作者会计思维从计划经济向市场经济的转变。但是，从现在的情况来看，中国会计准则无论是在建立和实施的过程中，还是所产生的经济后果以及会计信息的利用等方面，均有一些值得思考和商榷的重要方面。

3.1　关于会计准则制定与会计目标之间的关系

关于企业会计的目标，在《企业会计准则——基本准则》有明确说明："财务会计报告的目标是向财务会计报告使用者提供与企业财务状况、经营成果和现金流量等有关的会计信息，反映企业管理层受托责任履行情况，有助于财务会计报告使用者作出经济决策。"显然，企业会计准则的制定应该有助于企业会计目标的实现。

"企业会计准则的制定应该有助于企业会计目标的实现"应至少体现在以下几个方面：第一，向财务会计报告使用者提供的会计信息应该让信息使用者能够读懂，至少在概念上要保持稳定性并符合常识；第二，会计信息应该强化信息使用者所更加关注的内容；第三，会计准则的变化也应该更加顺应中国市场经济发展的变化。然而，从目前企业会计准则改革的情况来看，在上述几个方面，还有明显值得商榷的地方。

1. 会计信息的可理解性、会计概念的稳定性和常识性

我们认为，从上市公司目前所披露的财务报告信息（也即会计信息）来看，在会计信息的可理解性、会计概念的稳定性和常识性等方面尚存在不少问题。其中最突出的问题是关于营业利润、营业外收入等概念的界定。按照企业会计准则要求所披露的营业利润、营业外收入等概念的外延，近年处于持续的变动状态。请看2018年上市公司年度报告披露的利润表的基本格式（见表1-1）。

表 1-1　　2018 年上市公司年度报告披露的利润表的基本格式

项目	金额
一、营业收入	
减：营业成本	
税金及附加	
销售费用	
管理费用	
研发费用	
财务费用	
资产减值损失	
加：其他收益	
投资收益	

续前表

项目	金额
公允价值变动收益	
资产处置收益	
汇兑净收益	
二、营业利润	
加：营业外收入	
减：营业外支出	
三、利润总额	
减：所得税	
四、净利润	

在2018年上市公司年度报告披露的利润表中，营业利润包含了两个非常有意思的项目：其他收益和资产处置收益。而上述新变化源自财政部的两个文件：

第一，2017年6月12日起施行的《企业会计准则第16号——政府补助(2017)》（简称《政府补助新准则》）规定，2017年1月1日存在的政府补助和2017年新增的政府补助适用该准则。根据该准则，对于与企业日常活动相关的政府补助，在计入利润表时，按照经济业务实质，由原计入营业外收入改为计入其他收益（营业内——作者注）；与企业日常经营活动无关的政府补助，计入营业外收入。

第二，根据《财政部关于修订印发一般企业财务报表格式的通知》（简称《通知》），在利润表中新增“资产处置收益”项目，相应删除“营业外收入”和“营业外支出”项下的“其中：非流动资产处置利得”和“其中：非流动资产处置损失”项目。

《通知》中营业内和营业外的概念、营业利润的概念已经完全“准则化”了。本来在营业内与营业外的区分上，其界限是比较清楚的。一般来说，能够持续不断、反复发生的向市场提供产品或者劳务活动所带来的收入通常会被认为属于营业收入，而难以持续、取决于特定时期环境因素或偶发因素而出现的“收入”往往被归于营业外收入。显然，我国长期将取决于政府特定时期政策的政府补助收入和特定期间发生的非流动资产处置损益计入营业外收入（或支出），这样做实际上既符合相应业务发展的特征，也符合人们常识性的认知。但是，这种做法却被《政府补助新准则》和《通知》改变了，这两个长期在营业外徘徊的项目，摇身一变“升级”为营业内来支援企业的营业利润。

这样的规定即使有充分的国际会计准则依据，在中国的实践中加以推行也会引发不利的经济后果：除了不符合理论上和常识上的认知外，还会对评价企业经营活动的真实盈利能力造成障碍。在企业进行财务分析和决策时，人们普遍习惯用营业利润与营业收入的比率（营业利润率）来考察企业经营活动的盈利能力，但人们（尤其是非专业人士）往往并不知道或并未注意到，从营业收入到营业利润已经经历了多项“调整”，此“营业”非彼“营业”：先是把与营业收入没有关联的“投资收益”“公允价值变动净收益”加入“营业利润”，后又把本属于营业外收入的“其他收益”和“资产处置收益”充实进来，从而使得那些经营活动无盈利能力、靠“投资收益”“公允价值变动净收益”“其他收益”“资产处置收益”等手段充实营业利润的企业与那些专注于提高经营活动的盈利能力的企业获得同等甚至更好的盈利能力评价。这就是说，把与营业收入没有关联的“投资收益”“公允价值变动净收益”“其他收益”“资产处置收益”充实进营业利润，会导致营业利润概念的泛化，可能会严重影响信息使用者对企业盈利能力的正确评价。

2. 对信息使用者所关注信息的披露

从现行企业会计准则所规范的信息披露内容来看，目前的会计信息披露并没有很好地满足会计信息使用者的需求。这种情况如果长期持续，信息使用者终将降低对企业所披露的会计信息的关注。我们还是以利润表披露的信息为例来说明此问题。

现行利润表上出现了三个有关利润的概念：营业利润、利润总额与净利润。这三个利润概念没有一个能够回答企业产品或劳务的初始盈利能力如何，以及企业产品或劳务的基本盈利能力如何。

第一，企业产品或劳务的初始盈利能力是通过毛利（营业收入减去营业成本等于毛利）和毛利率（毛利除以营业收入等于毛利率）来反映的。当然，利润表本身不可能展示毛利率，但可以轻而易举地通过增加一行来披露毛利信息。非常遗憾的是，这个人们普遍关心的反映企业初始盈利能力、在企业盈利能力分析过程中具有极其重要地位和价值的毛利信息，在我们长期以来的利润表上就是看不到。此外，非专业人士对利润表中的营业成本与营业总成本概念也不容易分清楚。

第二，企业产品或劳务的基本盈利能力既不是营业利润，也不是利润总额，而是另外一个概念。请注意利润表的结构：在企业的债务融资与企业经营活动（如为支持企业存货购买、市场营销等活动）直接相关的条件下，与营业收入的盈利能力有关的资源消耗包括营业成本、税金及附加、销售费用、管理费用、研发费用和财务费用等，减除上述资源消耗后的利润才与营业收入有关。本书作者将这个利润的概念定义为“核心利润”。用核心利润与营业收入进行比较，可以考察企业产品或劳务的相对盈利能力。如果企业的债务融资（即贷款）与企业经营活动无直接关系，与投资活动（如购建固定资产、无形资产和其他长期资产，对外投资等）有关，则与营业收入的盈利能力有关的资源消耗就包括营业成本、税金及附加、销售费用、管理费用和研发费用等，但不包括财务费用。

事实上，国际会计准则理事会特别关注财务业绩衡量问题。2017年9月国际会计准则理事会讨论认为，应当优先考虑在财务业绩表中增加类似息税前利润（EBIT）这样的小计项目（subtotal），以改进会计信息的可比性。

3. 会计准则改革的内在动力：与国际会计准则亦步亦趋还是体现中国市场经济发展特色

制定会计准则的本质在于改善资源配置效率，因此，在中国会计准则持续趋同的背景下，我们仍然需要思考：中国会计准则改革的内在动力是什么？是由国际会计准则的变化带动，还是由中国市场经济的发展推动？

由于中国会计准则需要与国际会计准则持续趋同，国际会计准则的变化必然也应该引起中国会计准则适当做出调整。然而，鉴于在中国市场经济发展、中国资本市场监管以及中国企业所有制性质等方面存在特殊性，中国实践呼唤具有中国特色的会计准则，以更好地服务于中国企业发展和资本市场资源配置。因此，中国会计准则改革不应该也不可能完全依赖于国际会计准则改革。中国会计准则变化的内在动力从根本上应该取决于中国市场经济的发展需要。

3.2 会计准则的经济后果

会计准则的制定，既可以起到规范企业的财务会计行为和会计信息披露行为的作用，也会影响企业财务状况的外在表现进而影响企业的某些财务行为。

我们在前面讨论了营业利润的构成问题。实际上，当把其他收益和资产处置收益作为营业收入的组成部分后，在企业希望获得较好的业绩评价但短时间又不可能通过自身努力提升核心利润的情况下，企业往往会把注意力转向非流动资产处置和争取获得政府补贴上，这便为企业粉饰和美化财务形象提供了可乘之机。

还有一个问题就是关于商誉的会计处理。在《企业会计准则第20号——企业合并》中规定：“购买方对合并成本大于合并中取得被购买方可辨认净资产公允价值份额的差额应当确认为商誉。”按照这样的确认方式，不管商誉的原始概念是什么，商誉在企业披露的财务会计报告中的现实表现是，在并购年，投资方确认的商誉作为企业并购的一种代价并入合并资产负债表的“商誉”项目中。按照准则的规定，由于商誉的不可单独辨识和无固定期限的特性，并入合并资产负债表的商誉不进行摊销或者折旧，而是在各个会计期间结束时，企业要对其进行减值测试。如果商誉发生减值，减值的部分作为资产减值损失计入利润表。至于并购过程中出现商誉的原因有很多：(1) 被并购企业的资产净公允价值与被并购企业未来对企业的贡献相比，严重低估了企业净资产的价值；(2) 被并购企业与并购方有战略协作关系，并购方希望尽快将其并购，以提升并购方的整体业绩；(3) 被并购方有较高的未来业绩承诺；等等。

我们认为，在被并购企业预期未来盈利能力较强的情况下，并购方多付出购买对价、产生适当商誉是正常的。但是，并购中出现的过高商誉虽然在短时间内会加快并购的进程，改善并购方合并利润表的营业收入和利润，但从长期来看，可能会危及企业未来的盈利能力。过去几年，中国资本市场上的高商誉并购愈演愈烈，与会计准则只对商誉进行减值测试，不进行折旧或者摊销有直接关系。实际上，针对中国的实际情况，如果企业会计准则要求并购方在一定时期内对并购商誉进行摊销，将会直接制约高商誉并购行为。这就是说，虽然从理论上以商誉自身概念的特征出发，规定并购商誉不进行摊销，定期进行减值测试是恰当的，但从实际情况来看，商誉定期减值测试容易变成选择性处理，高商誉并购反而极易伤害并购方未来盈利前景，由此看来，是现行的商誉会计处理促进了导致严重不良经济后果的并购发生。因此，是立足于会计活动自身去建设企业会计准则，还是从现实和可能导致的经济后果出发去建设会计准则，会带来完全不同的发展结果。

实际上，考虑到企业并购的现实情况，如果对商誉采用分期摊销与减值测试并行的会计处理方法，将对高商誉并购形成有效制约。

3.3 动态会计信息分析方法的建立

中国会计准则体系日臻完善，企业会计信息的披露质量也在不断改善。而与此形成鲜明对比的是，不论企业会计信息披露如何变化，有关会计信息分析和利用方面的方法体系的建设却长期没有得到重视。

我们前面曾经讨论过，中国企业所披露的财务报表采用的是母公司财务报表与合并财务报表同时披露的方式。这种方式为信息使用者全面了解企业创造了条件。根据我们的研究，中国企业采用的这种“两套”报表披露方式有助于信息使用者更全面地认识企业的财务报表体系，进而实现从传统的以反映会计要素（如资产、负债、股东权益、收入、费用等）及其相互关系为关注点、“会计味道浓郁”的财务报表，上升到以反映企业发展战略及其成效、“管理色彩浓厚”的财务报表。在这里，我们想强调的是，如果只关注会计准则改革引起的会计信息变化，而不关注对变化了的会计信息所应采用的分析方法的研究，会计准则改革与会计信息的利用价值终将大打折扣。

第4部分　现实呼唤基于中国情境的财务报表分析方法

随着中国社会主义市场经济改革的不断深化，中国会计准则也在不断发展完善。我们认为，进一步发展和完善中国企业会计准则、让中国企业会计信息的决策价值越来越大的关键，不在于出台多少个企业会计准则，也不在于与国际会计准则改革有多么同步，而在于认真研究中国市场经济发展对中国会计准则的要求，研究中国会计准则的经济后果，提高企业利益相关者对企业财务报表的分析能力，让会计准则和企业会计信息最大限度地回归“服务于资本市场健康发展”的本源。

在中国会计准则制约下的中国企业会计信息披露问题有其自身独有特点。就我们所见，针对中国企业会计信息披露特点、会计信息分析与利用等方面所开展的系统化本土研究尚远远不够。

有鉴于此，本书作者之一张新民长期从事中国企业情境下的财务报表分析方法体系的研究。在过去20多年的时间里，首先提出“企业财务状况质量分析理论”并展开对企业财务状况的质量分析，后又提出战略视角下的财务报表分析框架。上述探索既在理论上填补了中国企业财务报表分析方法的研究空白，也在实践中展现出强大的生命力。

本书另一位作者钱爱民也长期从事财务报表分析方法的研究。钱爱民率先提出核心利润的概念以及与核心利润相关的多个概念（如核心利润率、核心利润获现率等），并提出财务报表分析的“项目质量分析法”。

本书的案例分析集中体现了两位作者长期积累的研究成果。

第5部分　美国主流教材关于财务报表分析方法的特征

关注美国财务报表分析类教材或著作的人可能会注意到，美国同类教材有这样几个特点。

首先，关于书名。确实有一些书籍就叫《财务报表分析》，但更多的书籍会在名称中加上一些后缀，如《财务报表分析与证券定价》《财务报表分析与企业估值》等。如果认真看书的内容，会发现即使是只冠名《财务报表分析》的书籍，也会包含企业估值的内容。

其次，关于案例信息的内容。翻开任意一本美国财务报表分析类书籍，作为案例资料的财务报表基本上都是合并财务报表——合并资产负债表、合并利润表与合并现金流量表。

造成这种情形的主要原因是美国资本市场的信息披露以合并报表为主。但需要我们思考的问题是：仅仅提供合并报表能否满足各类会计信息使用者的需求？如果不能，为什么人家仅仅提供这些信息呢？

最后，关于会计信息的分析方法。除了一些战略分析、经济环境和行业分析以外，大量会计信息的分析以财务比率为主。

将上述三个方面的问题结合到一起，我们似乎可以体会出来以下两点：美国背景下的资本市场信息披露，主要是满足投资者的信息需求；美国学者提供给资本市场信息使用者——投资者的分析工具主要有两个，一个是财务比率分析，一个是估值模型，尽管一些书籍总是不忘进行信用分析。需要思考的是：基于合并报表进行的信用分析与基于母公司个别报表进行的信用分析是一回事吗？

第 6 部分 会计信息使用者对企业财务状况的关注点

6.1 传统教科书关于会计信息使用者对财务状况关注点的描述

翻开财务报表分析教材，在谈及不同会计信息使用者对企业财务状况的关注点时，作者们往往将其区分为股东（可能还要区分为大股东与其他股东）、债权人（可能还要区分为商业债权人和银行或金融机构债权人、长期债权人和短期债权人）、雇员（可能还要区分为高管和其他员工）、政府部门（可能还要区分为税务部门和工商管理部门等）、中介机构（可能还要区分为会计师事务所、资产评估机构、信用评级机构等）以及社会公众等，并对各类信息使用者对企业财务状况的关注点分别进行讨论。

但是，在现实生活中，一个人会同时具备多个角色：他可能既是股东（董事长），又是从企业获得薪酬的雇员（首席执行官），还是企业的债权人（或者向企业提供资金，或者他拥有的其他企业向这个企业提供货物或者其他服务）。这个时候，他对企业财务状况的关注点应该是什么呢？

我们认为，不能仅仅从会计信息使用者的角度简单、绝对地进行信息使用者关注点的研究。能否归纳出各类企业会计信息使用者关注的主要方面？能否不要首先关心谁关注财务状况的哪些方面，而是首先关心人们主要关注企业财务状况的哪些方面？

6.2 会计信息使用者关注企业财务状况的主要方面

经过多年的探索和总结，我们认为企业会计信息使用者关注的企业财务状况主要有八个方面。

1. 关于企业战略发展的方向和战略实施的成效

在与企业界交往，尤其是与EMBA学生的授课交流过程中，我们发现企业界对企业战略发展的方向与战略实施的成效非常关心。那么，理论界又是怎样做的呢？

以我们所见，会计界首先想到的是向经典的战略管理书籍学习，并将其理论直接套用在财务报表分析中。但问题是：

（1）企业战略管理的书籍不能直接回答财务报表中的战略信息问题。

从企业战略方面的书籍中只能得到启发，不可能得到企业家或实务界所期待的从企业财务报表中进行战略信息挖掘的方法。这是因为，关于战略管理的战略书籍，更多地研究企业战略管理的内涵和内容、企业战略制定过程中可以采用的各种分析方法和工具以及企业愿景、使命和战略的文字表达等。而对战略制定的资源约束（尤其是财务资源约束）、战略选择的财务后果、战略执行的绩效评价等方面的研究并不充分。

（2）将战略管理理论直接套用在财务报表分析中不可能解决财务报表本身的分析问题。

有的财务报表分析类书籍和文献已经对财务数据的战略信息挖掘进行了尝试。但是，就我们所见，这种尝试往往只试图在财务报表中找到符合或者不符合企业战略文字表达的证据方面做文章。例如，当企业在关于战略的文字表达中声称自己将实施专业化战略的时候，财务报表分析者就希望从企业的会计信息中去验证企业是否实施了专业化的战略；当企业在关于战略的文字表达中声称自己将实施多元化战略的时候，财务报表分析者就希望从企业的会计信息中去验证企业是否实施了多元化的战略；当企业在关于战略的文字表达中声称自己将实施成本领先战略的时候，财务报表分析者就希望从企业的会计信息中去验证企业是否实施了成本领先战略；

等等。显然，这种直接将战略管理的原理照搬到企业财务报表分析中，并将其赋予战略分析的含义，不仅严重受制于现有战略管理理论的分析思路，而且也不能实现利用财务报表数据对企业战略信息进行深入挖掘的目的。

因此，利用财务报表数据对企业战略信息进行挖掘，需要另辟蹊径，发挥会计信息的独有优势。

2. 关于企业经营资产的管理与核心竞争力

简单地说，对于非金融企业而言，在资产负债表上，除了投资资产就是经营资产。而大多数企业的资产主体是经营资产。

从事经营资产管理的管理者非常关心的是：企业各项经营资产的结构如何安排才是合理的（有的企业家曾经提出这样的问题：制造业存货占总资产的比重多大是合理的）？如何看待企业间的行业比较优势？企业各项资产和资产整体的动态变化反映了怎样的企业管理特质？企业的资产管理与核心竞争力之间是什么关系？等等。

伴随而来的问题是：除了资产中包含了企业的核心竞争力信息以外，利润表和现金流量表中是否包含了企业核心竞争力的信息？

从资产负债表、利润表和现金流量表之间的内在联系可以判断：答案是肯定的。这就是说，反映企业核心竞争力的会计信息，不仅仅包含在资产负债表中，也包含在利润表和现金流量表中。

3. 关于企业的效益和质量

企业是以盈利为目的的经济组织，企业家关注企业的效益及其质量是必然的。我们关于企业效益与质量的研究，在常规反映企业盈利能力的指标分析的基础上，更强调对盈利质量（含金量和持续性）的分析，除了包括利润实现过程的质量、利润结构质量与利润结果质量，将利润结构的质量分析与资产结构的质量分析、现金流量结构的质量分析结合起来等内容外，还要随着对财务报表中关于企业战略和竞争力信息挖掘的不断深化，突出对战略要素和竞争力要素的提炼和总结。

4. 关于企业财务报表项目的质量

在关注企业财务报表中所包含的企业整体战略信息、经营资产整体管理和核心竞争力以及企业效益与质量等方面信息的基础上，企业的管理者往往还较为关注企业财务报表内各个项目自身的质量。

在我们的研究中，早期的财务状况质量分析与企业战略和发展方向结合得比较少。随着认识和研究的不断深化，我们强调将企业财务报表各个项目自身质量与企业战略和发展方向结合起来的系统化分析。

5. 关于企业价值的确定

在企业发展的各个阶段，都会不同程度地涉及权益融资与估值问题。在对外扩张与并购的过程中，也会涉及被并购企业的股权价值确定问题。

关于企业价值的确定问题，在国外著作中更多的是讨论估值模型问题。国内学者也在借鉴国外估值模型的基础上探讨中国情境下企业股权价值的确定问题。然而在利用各种价值评估模型对企业进行估值的过程中不难发现，模型中的变量不管是以未来利润为基础还是以未来现金流量为基础，其增长率都是难以准确估算的，折现率更是难以确定。至于各种各样的相对估值法要么比较粗糙、要么过于含糊，致使在企业价值估值问题上至今仍是仁者见仁智者见智！从我们参与企业管理实践的过程来看，在企业进行投资决策的过程中，很少有人关注被并购对象的估值模型。即使在对被并购对象的估值时用到一些模型，也仅仅是一些非常简单的估值模型。

我们试图通过构建全面的企业财务状况质量分析体系，提供用于识别企业“质地”、判断企业质量“好坏”的基本信息，从而帮助投资者更加理性地做出价值投资决策。其中更需要回答的是：企业在并购或出售股份的过程中，决定特定企业价值的因素有哪些？除了一般模型所涉及的因素外，在中国情境下，还有哪些因素会影响企业股权价值的确定？

6. 关于成本决定机制

学过管理会计的读者应该记得，早期管理会计教学内容主要涉及：成本性态与变动成本法、本量利分析、决策成本与短期经营决策、长期投资决策、责任会计、预算管理以及标准成本制等。上述内容中一个比较困难的地方是标准成本制中的差异分析，这应该是管理会计教学中老师和学生都不愿意涉及的地方。困难之处首先在于对固定费用的差异分析：本来固定费用就是固定的，但在对其差异进行分析的时候却首先将其进行变动化分析。然后是变动费用的差异分析，困难到极致的还有变动费用中的混合差异分析等。

在教科书中，对标准成本制中的差异分析，一般是在给定企业的成本消耗量标准与实际消耗量、单位采购成本标准与单位实际采购成本、配方组合标准与实际配方等相关信息的基础上，先计算确定量差和价差，然后再分析到底是哪些因素影响了企业的成本变动。

当然，如果再考虑配方组合中添加了一些回收的废料、设备还有调试或者休整时间等因素时，成本差异分析就更热闹了。

这种热闹的情形令人深思：有必要把成本差异分析搞得这么细吗？通过会计的数字计算能够揭示一个企业的成本为什么高了或者低了吗？难道一个企业内就只有财会人员是明白人？固定成本本来就是固定的，为什么要进行变动化的差异分析？这不是庸人自扰吗？

根本的问题在于：企业财务数据只是展示了成本或者费用的结果。人们更关心的是：到底是哪些因素决定了企业的成本水平高低？在成本水平高低的决定过程中，除了会计的计算因素以外，有没有其他力量在影响企业的成本水平？

7. 关于企业风险分析

应该说，在早期的企业财务报表分析的方法体系中，并没有鲜明的对企业风险的分析内容。在常规的指标分析中揭示企业财务风险的主要有两个指标：资产负债率和利息保障倍数。

随着接触企业实际报表越来越多，再加上资本市场频频曝出某某企业出现了严重的经营风险和财务风险的消息，财务报表信息与企业风险之间的关联度问题越来越引起信息使用者的重视。

熟悉企业财务报表结构和内容的人总是希望能够通过对财务报表某些数据的计算来度量出企业所面临的各类风险。但实际上，财务报表所能揭示的企业风险仅仅是企业所面临风险的一部分（也许只是微不足道的一部分）。另外一些真正构成企业风险的因素恰恰在报表之外。

因此，如何将企业所面临的表内风险与表外风险进行综合考量，如何利用企业财务报表信息对企业所面临的风险进行系统分析，应该成为财务报表分析必须思考和解决的主要内容。

8. 关于企业的前景预测

财务报表所展示的财务状况是历史信息，但对于信息使用者而言，分析企业财务报表的主要目的是对企业未来的财务走势进行分析和判断。现有的财务报表分析书籍中，基本上都是以目前业绩水平为基础，假设企业按照一个固定的增长率来实现发展，以此对企业的前景做出预测，而关于如何在考虑环境因素变化和战略调整的基础上对企业进行前景预测，这些所谓主流的报表分析书籍并没有给出应有的指导。

因此，把这八个方面的问题回答好了，才能真正建立起系统化并具有弹性的企业财务状况分析框架。

第7部分 基于中国情境的财务报表分析框架

经过长期探索，以会计信息使用者对企业财务状况的八个主要关注点为基础，本书作者张新民提出了战略视角下的财务报表分析框架，并将其形成中国人民大学出版社出版的《从报表看企业》① 一书。

这个基于中国情境、能够解决中国企业财务报表分析问题的分析框架可以概括为：

7.1 关于企业战略发展的方向和战略实施的成效分析

1. 资产负债表中所包含的战略信息（资产）

在集团管理条件下，将母公司的资产按照对利润的贡献方式或者按照企业的发展方式划分为经营资产和投资资产，并将企业集团据此划分为三种类型：以经营资产为主的经营主导型，以控制性投资为主的投资主导型，经营资产与控制性投资并重的协调发展型。这样，母公司资产结构就具有了关于企业发展战略的鲜明特征。

在集团管理条件下，经营主导型企业集团往往倾向于采用专业化的经营策略，投资主导型企业集团往往倾向于采用多元化或者多地域化的经营策略。

在集团管理条件下，合并资产总额减去母公司资产总额所形成的差额代表了母公司控制性投资的资产扩张效应。在母公司控制性投资规模一定的条件下，这种资产扩张的效应越强，表明企业对子公司的投资增量所撬动的资源越多。

对于仅仅从事经营活动的企业而言，其资产基本上表现为各项经营资产。在从事实体经营的情况下，资产结构就体现了一定的战略含义：资产的基本结构展示了企业的行业特征，资产的技术装备水平则反映了企业的技术装备水平和市场定位。此时，对资产的战略性考察就不是具体的资产结构占比问题，而应该是各项资产系统整合后的市场能力及其效益与质量问题。

2. 资产负债表中所包含的战略信息（负债和股东权益）

传统上，资产负债表右边的负债和股东权益的划分并没有什么战略信息。

① 张新民．从报表看企业：数字背后的秘密．3版．北京：中国人民大学出版社，2017.

实际上，当把企业的负债和股东权益分解为四个或五个基本构成，并对其所表现出来的利益博弈关系进行挖掘，负债和股东权益就具有了一定的战略含义。

企业负债和股东权益的主要部分通常可以分成四类，即经营性负债、金融性负债、股东入资和利润积累。对这些资本的利用状况进行分析，体现出的就是企业的资本引入战略。

（1）在资产负债表的负债方，反映经营性负债（也即商业信用负债）的主要项目包括应付票据、应付账款和预收款项（实际上，企业的应付职工薪酬和应交税费也属于经营性负债。为聚焦分析，我们忽略对这部分内容的讨论）。

（2）金融性负债，一般是指企业从资本市场或者金融机构获得的债务融资，也包括其他形式的有息负债。我们认为，金融性负债主要来自传统的金融机构，具有存在财务代价（即利息因素）的特点。在长期负债中因融资租赁而引起的债务也应该属于金融性负债。因此，在资产负债表上，除了典型的金融性负债项目如短期借款、交易性金融负债、一年内到期的非流动负债、长期借款、应付债券等外，还应该包括具有利息因素的长期应付款。

（3）在资产负债表上，反映股东入资的项目包括股本（实收资本）和资本公积，它是企业发展的原动力。股东入资的战略内涵主要体现在股权结构、股东范围、资本规模对企业战略形成的制约，以及股权结构、公司治理、核心人力资源对企业战略形成的制约等方面。

（4）利润积累是指企业实现的利润中，股东没有分配而留存在企业的权益部分。这部分股东留存资本在资产负债表上主要表现为盈余公积和未分配利润，统称为企业的留存收益。

在集团管理条件下，如果母公司将子公司的货币资金整合到母公司集中统一管理和使用，则往往表现为母公司的其他应付款的规模占流动负债比例很高，且母公司其他应付款的规模远远高于合并报表的其他应付款规模。两者之间的差额就是母公司整合企业子公司货币资金的基本规模。在这种情况之下的其他应付款可以认为是内部管理形成的资本，我们可以把这部分负债称为内生性负债。

上述资本形成了企业发展的基本财务资源动力。

我们可以按照企业经营性负债、金融性负债、股东入资以及利润积累在负债和股东权益总规模中的比重大小，将企业按照资本引入战略区分为几种类型：以经营性资本为主的经营驱动型、以金融性资本为主的债务融资驱动型、以股东入资为主的股东驱动型、以留存资本为主的利润驱动型以及均衡利用各类资本的并重驱动型。

当然，在母公司整合企业子公司货币资金所形成的其他应付款占据主导地位的时候，可以认为是内部整合资本管理驱动型。

（1）以经营性负债为主的经营驱动型企业，往往处于同行业竞争的主导性地位，经营性负债往往占负债的比例较高，这类企业的战略内涵十分清晰：利用自身独有的竞争优势，最大限度地占用上下游企业资金，以支撑企业的经营与扩张。

（2）以金融性负债为主的债务融资驱动型企业，其金融性负债通常占负债总规模的比重较高。这类企业往往身处国家扶持的行业，或处于企业快速扩张时期，股东入资和经营性负债难以满足全部的资金需求。其战略内涵也十分清晰：在较为“乐观”的债务融资环境下，最大限度地利用企业的融资能力实现企业的扩张与发展。

（3）以股东入资为主的股东驱动型企业，往往处于企业发展的初级阶段。在这个阶段，企业经营面临较大的风险和挑战，债务融资活动和经营活动难以满足企业经营与发展的资金需求。在资产负债表上的表现是：股东权益中的“实收资本（或者股本）”和“资本公积”这两个项目的规模占企业负债与股东权益之和的比重较高，也就是说，投资人（其中不乏风险投资人）是企业经营资金的主要提供者。随着企业的逐步发展，在慢慢走上正轨、未来发展前景日益明朗之后，融资来源应该越来越丰富。

股东驱动型企业的战略含义是：第一，无论处于何种发展阶段，股东驱动型企业的融资总是与企业实施扩张与经营的发展战略相连；第二，为了维持企业的生存与发展，股东对企业的入资资产的实物形态必须符合企业发展战略对资源实物形态的要求；第三，在非现金入资的情况下，股东用于入资资产估价的公允性，既决定了企业未来资产的资产报酬率，还调节了股东间的利益关系；第四，股东入资资产的规模、实物形态及其结构，还显著影响着企业的治理结构以及企业的未来发展方向。

（4）以利润积累为主的利润驱动型企业，其盈余公积和未分配利润的规模之和通常占企业负债与股东权益之和的比重较高。从本质上来说，用利润累积支持企业的发展，等同于股东对企业的再投资。因此，利润驱动型企业发展的战略内涵与股东驱动型企业发展的战略内涵是一致的。当然，这样的企业往往是在发展到一定阶段以后，才会有相当的“实力”出现这种局面。

实际上，大多数企业属于均衡利用各类资本的并重驱动型企业，由于在企业发展的不同阶段，不同类型资本的贡献度有着明显的差异，因此，这类企业发展的战略内涵会由于不同类型资本的贡献度存在差异而有所不同。

3. 利润表中所包含的战略信息

在集团管理条件下，在三种不同的情况下，母公司利润表与合并利润表之间的战略信息可能会出现显著的信息含量差异：

（1）在母公司采用经营主导型发展战略的情况下，母公司利润表的营业收入与合并利润表的营业收入之间的差异往往较小。同样，母公司利润表的销售费用与合并利润表的销售费用之间的差异往往也较小。

母公司利润表的管理费用、研发费用与合并利润表的管理费用、研发费用之间的差异，往往受母子公司之间高管的薪酬差异、研发支出的安排等因素影响。母公司利润表的财务费用与合并利润表的财务费用之间的差异会受到母子公司之间的融资管理权限安排以及母子公司的融资管理能力的显著影响。

至于母公司利润表的营业成本与合并利润表的营业成本之间的差异，则取决于母子公司之间的业务联系：如果子公司的主要业务活动是为母公司提供零部件配套，则合并报表的营业成本会小于母公司的营业成本；如果母子公司没有什么业务关联，母子公司一致对外销售产品或提供劳务，则合并利润表的营业成本会大于母公司利润表的营业成本。

（2）在母公司采用投资主导型发展战略的情况下，母公司的核心利润可能较小甚至是负数，母公司业绩的支柱主要来自投资收益。

（3）在企业采用集团管理的情况下，无论企业采用何种发展战略，能够反映出整个集团的综合盈利能力的是合并报表中的利润规模，而不是母公司报表中的利润规模。

4. 现金流量表中所包含的战略信息

概括起来，现金流量表中所包含的战略信息包括：

整个集团经营活动产生的现金流量净额对企业对内扩大再生产、对外控制性投资扩张的支持力度；投资活动现金流出量的结构所展示出的战略实施动态；筹资活动现金流入量的结构所展示出的企业外部筹资环境、母子公司的筹资结构所表现出的筹资管理体制；等等。

上述分析方法不仅摆脱了经典战略管理理论对财务报表分析的束缚，形成了与中国当前信息披露状况相适应的分析方法，还使得分析方法具有了一定的弹性（即与企业具体经营环境的适应性）。

7.2 关于企业经营资产的管理与核心竞争力分析

对于资产主体是经营资产、没有对外控制性投资的企业，其经营资产管理与竞争力的考察主要从这样几个方面入手：

以存货为核心的上下游关系管理；商业债权结构与商业负债结构之间所表现出来的竞争力；企业非流动资产的周转状况；企业毛利率所展现出来的竞争力；企业债务结构与竞争力；企业利润表结构与竞争力；利润质量与企业竞争力；等等。

7.3 关于企业的效益和质量分析

企业效益和质量问题，除了前面已经涉及的利润的实现过程质量、利润结果的质量以及利润结构质量（包括利润表自身结构、利润结构与资产结构、利润结构与现金流量结构等）等方面之外，利润表信息中的战略内涵也包含了效益与质量的重要内容。

7.4 关于企业财务报表项目的质量分析

财务报表项目的质量分析，应该在把握企业组织特定发展方向的前提下进行。企业财务报表特定项目的质量具有极强的相对性。而从财务报表各个项目的内在特性来看，能够展现出质量色彩的项目集中在资产的主要项目和利润表的主要项目上。

概括来说，资产项目的质量与企业特定时期对特定资产本身的预期要求有关。特定资产项目与企业对该特定项目预期要求之间的距离越小，即特定资产项目满足企业对其需求的程度就是该资产项目的质量。例如，企业对于存货的要求，如果是尽快周转和盈利，则存货的周转速度与毛利率就代表该存货的质量；如果企业对特定存货的要求是在特定时期内囤积待售，则其周转速度快就不是高质量的表现。

对于利润表各个主要项目的质量考察，应主要关注业务与战略的关系、利润结构与竞争优势、特定项目的结构与企业发展战略之间的关系等。

7.5 关于企业价值的分析

从实践来看，在整个股权交易过程中，企业估值更多的是达成交易的一个必不可少的环节或者程序，它更多地体现了交易双方的交易意愿和谈判过程中的比较优势，因此，估值并不仅仅是一个技术问题，当然也不仅仅是一个模型量化问题。

因此，关注估值，更多的不是关注估值模型或者估值的计算方法，而是关注支撑企业股权交易背后的逻辑以及与特定企业股权价值未来变化有关的因素分析。

过去一段时期，中国资本市场上的高商誉并购呈现出泛滥的态势。这不仅与影响中国上市公司并购行为的复杂因素有关，也与会计准则对并购商誉的会计处理过于简单、过于主观（在每个会计期末进行减值测试）有着直接关系。

因此，对高商誉并购的成因进行分析，以及企业高商誉并购后的发展前景进行分析，应该成为企业价值分析中的一个重要内容。

7.6　关于成本决定机制的分析

决定企业成本水平高低的主要因素有三个：

（1）企业决策因素。由企业股权结构所决定的公司治理结构与公司的行为特征在相当大程度上决定了企业的发展战略和企业的成本规模与成本结构。企业的重大成本或者损失的发生一定是由企业的决策层决定的。

（2）企业管理因素。企业管理层的日常经营管理也在相当大的程度上影响着企业的成本规模和成本水平。在公司治理环境完全不变的情况下，核心管理人员的变更和行为特征会影响企业成本水平的高低。格力电器董事长曾经宣布：格力电器员工每人每月工资增长 1 000 元。不管这项宣布的规定事前是否已经在企业董事会层面或者管理流程上履行完必要的程序，此项决定都直接会引起企业人力资源成本的上升。

（3）会计核算因素。在前两个因素基本决定了企业的成本框架和成本规模的条件下，会计核算因素也会在一定程度上决定企业成本的最终规模，主要是选择各种会计估计和会计政策所造成的影响。而在会计政策相对稳定的条件下，会计估计的判断结果将最终决定企业成本水平的高低。

7.7　关于企业风险的分析

前面关于企业竞争力的分析均与企业风险相关：当反映企业竞争力的某些方面出现恶化的时候，较低的竞争力本身就代表着企业风险。

实际上，蕴藏着企业风险的方面要远比特定的比率计算结果更为广泛和可怕。除了比率计算所显示出来的企业风险外，还有一些非常重要的现象或表现是企业风险分析中应该关注的。

1. 与股权结构、公司治理有关的风险

（1）与控制权变更有关的风险。原有的股权结构及股东之间的关系即使历史上曾经很和谐，由于企业的股利分配政策、战略方向以及员工的薪酬政策等一些重大

问题的动态性，在一定条件下也可能会引起股东之间的不和谐，从而导致企业面临风险。在控制权变更的动态调整时期，企业往往也处于风雨飘摇之中。几年前资本市场的“野蛮人”对万科和格力电器的控制权之争就一度使这两家公司处于前途未卜的风险之中。

（2）与核心高管变更有关的风险。不论是何种原因导致企业的重要人事变更，企业原有的发展惯性均会出现变数。当然，这个变数可能也会导致其朝好的方向发展。由于企业董事会对行政管理的纠偏往往会有迟滞，如果这个变数导致企业朝坏的方向发展，企业很可能就要处于风险之中。

（3）与上下游关系有关的风险。即使外部环境不变，企业的上下游也可能出现股权结构变化、核心人力资源变化等情形，从而使得企业与上下游的关系出现重大变数。另外，即使企业内部没有任何变化，企业外部环境如果出现不利于上下游企业的变化，企业与上下游的关系也可能出现重大变数。

2. 与企业过度融资有关的风险

企业自身优良的“质地”以及资本市场上的融资便利很可能使企业出现过度融资的现象。过度融资是指超过企业正常经营与扩张所需资金规模而融资的行为。这就是说，一些企业恰恰是因为有融资能力并对其滥用而面临风险。在各种融资方式和手段中，尤其以过度债务融资对企业的危害最大。

无论采用何种融资方式和融资手段，过度融资将导致的财务表现都是：资产结构失衡——企业将过多的资金积压在货币资金形态、投入难以在未来发挥最优效用的在建工程和固定资产项目（或者在建设固定资产过程中过度投资），或者企业由于资金充裕而盲目对外投资或者大肆进行并购（尤其是高商誉并购）。资产结构失衡在短时间内可能不会直接影响企业利润表的外在表现，但一般而言失衡资产的财务效率往往不高，与资产总额相比较的资产报酬率也会受到不同程度的负面影响，随之而来的大量资产减值准备的计提势必继续恶化企业的财务业绩。

3. 与企业战略失败有关的风险

企业战略失败并不一定在短期内就有定论，不过战略失败的财务表现是相对较易察觉的。战略失败的财务表现一般体现在以下方面：企业控制性投资的资产扩张（包括直接投资和并购等）效果持续不佳；企业的经营资产难以有效整合，产生令人满意的效益（固定资产原值周转率偏低、存货周转率和毛利率均不理想）；企业实际的业务结构与其战略目标相脱节（南辕北辙）；企业长期呈现出有利润无相应现金流量的态势（利润的含金量不足）；等等。在企业发展战略上，如果以并购为主要扩张方式，那么合并报表中的巨额商誉往往蕴藏着巨大风险，企业很可能会“安排”在未来的某一年或某几年业绩大幅“跳水”。

4. 与企业文化依赖有关的风险

文化建设是组织发展的不竭动力。企业文化虽然是看不见的，但往往会在企业的主体行为和员工行为上表现出来。例如，一个强势一把手领导下的企业，常常表现为这个一把手的言行永远是正确的；如果这个企业出现问题和错误，一定是下属或者外部环境导致的。这种企业文化由于决策效率相对较高，通常可以在短时间内整合企业的各类资源办成一些大事。但从长期来看，这样的企业容易出现极度压抑的企业人文环境，出现问题时由于缺乏纠偏机制而容易使企业朝着错误的方向跑得太远。这样的企业文化能够维护一把手的权威，有快速的执行力和反应力，但可能对企业人力资源队伍的整体建设（尤其是企业骨干的培育）产生不利影响。

相反，对一个亲和力强、办事强调程序规范和分权管理的企业来说，一把手可能会建立起较为和谐的企业文化。在这样的企业里，人际关系、人力资源队伍建设等就会是另外一种状态。当然，这样的企业也有可能因程序太过烦琐而在面对机遇和危机时反应有些迟缓。

一般而言，一个强势一把手领导下的企业，往往更容易面临文化依赖风险。

7.8　关于企业的前景预测

实际上，在搜集和掌握了企业的战略及其战略绩效、资产管理质量与竞争力、企业的效益及其质量、企业个别财务报表项目的质量、企业的成本特征、企业所面临的风险等方面的信息之后，我们就可以对企业的前景进行预测了。

对企业前景的预测，应该在一个系统中进行。考虑的主要因素有：

1. 宏观经济环境及其变化

宏观经济环境及其变化主要指国家、地区的经济环境、政策环境，以及政府更迭对企业造成的影响等等。这种企业与外部政治环境、政策环境和政府环境的关系对于中国企业的未来发展来说，往往更为重要。

2. 企业发展战略和行业竞争格局及其变化

这种变化包括企业现有的产业结构、产品结构、市场结构、营销策略与主要竞争对手的竞争态势的变动状况。这种变动状况对预判一个企业的竞争地位的走向有着重要意义。

3. 企业股权结构、董事会构成、核心管理层的人事构成的变动

这种变动可能对企业的治理结构、人力资源政策、企业的投资方向以及发展战略等产生重大影响，从而在相当程度上影响企业财务状况的走势。

4. 企业的经营活动状况及其变化

从企业三张报表的基本关系入手，除了考察经营资产、核心利润、经营活动产生的现金流量净额之间在特定会计期间的关系、考察上述报表主要项目的年度间变化以外，还要关注主要财务指标如存货周转率与毛利率、固定资产原值周转率、销售费用率、管理费用率与核心利润获现率等指标的年度间变化情况。通过这样的考察，就可以对企业的经营活动的竞争地位、财务状况的走势、企业资源对企业未来财务状况走势的支撑等做出判断。

5. 企业的控制性投资活动状况及其变化

从企业财务报表的基本关系入手，除了考察控制性投资资产、子公司核心利润（包含在合并利润表的核心利润）、子公司经营活动产生的现金流量能力（包含在合并现金流量表）之间在特定会计期间的关系以外，还要关注企业年度内实现控制性投资的融资来源（是利用已有的货币资金存量还是利用融资）、企业对外控制性投资的方式（是对外直接投资设立企业还是通过并购）以及当年发生的并购商誉规模等。

通过这样的考察，可以对企业的对外控制性投资活动的扩张效应、子公司财务状况的走势、企业的子公司对企业未来整体财务状况走势的支撑等做出判断。

6. 企业融资、重组活动状况及其变化

依据现有的经营资产与控制性投资资产做出的对未来财务状况的预测并不是企业未来财务状况预测的全部。从资产负债表的主体来看，经营资产与控制性投资资产仅仅关注企业资产负债表的资产方。实际上，资产负债表中的负债和股东权益方对企业未来财务状况的预测也具有非常重要的意义，甚至起着根本性的作用。

影响企业融资、重组活动能否发生的原因是多方面的。

首先，企业的控制性股东是否有资源、是否有意愿和能力进行重组、并购融资，以及是否有确定的并购和重组目标企业。

其次，企业的重大融资、重组活动往往需要召开临时股东大会表决通过。与董

事会的表决相比，股东大会表决通过必须以多数参与投票的股东赞同为基础。

最后，企业的重大重组和资本市场融资还需要经过相关监管部门的审批。

上述诸环节中的任何一个都可能是影响企业融资、重组活动的动力或者阻力。

本书后面的内容将具体展示上述各项核心内容的应用问题。

名师案例： 张新民战略视角下的财务分析框架

专题 2 企业发展战略分析
——伊利股份与东阿阿胶的比较

第 1 部分 案例资料

1.1 伊利股份

1. 财务报表

伊利股份有限公司（简称伊利股份）2017—2018 年度资产负债表、利润表和现金流量表见附录 1。①

2. 公司基本情况

伊利股份主要从事各类乳制品及健康饮品的加工、制造与销售活动，旗下拥有液体乳、乳饮料、奶粉、冷冻饮品、酸奶、健康饮品、奶酪几大产品系列。报告期，公司产品主要以国内市场销售为主，部分产品出口。

报告期，公司把握市场机遇，精益运营，不断推进业务多元化与国际化，公司整体业绩稳步提升。由荷兰合作银行发布的 2018 年度“全球乳业 20 强”榜单显示，公司蝉联亚洲第一。

报告期，尼尔森零售研究数据显示，公司常温及低温液态奶业务的零售额市场份额分别为 36.8%，16.6%，比上年分别提高了 2.3 个百分点和 0.5 个百分点；公司婴幼儿配方奶粉的零售额市场份额为 5.8%，比上年同期提高了 0.6 个百分点。

① 本书所涉及公司年报的数据来自 Wind 数据库。

1.2 东阿阿胶

1. 财务报表

东阿阿胶股份有限公司（简称东阿阿胶）2017—2018年度资产负债表、利润表和现金流量表见附录2。

2. 公司基本情况

公司主要从事阿胶及阿胶系列产品的研发、生产和销售业务，是中国最大的阿胶企业、阿胶行业标准的制定者。公司所处的医药保健行业是典型的弱周期行业，随着人们收入水平的增加、人口结构的变化、政府政策的支持以及医疗保健意识的增强，医疗保健行业的需求将不断增长。

公司主要产品：(1) 阿胶被医药经典《神农本草经》列为滋补上品，《本草纲目》称其为补血圣药，目前阿胶已成为OTC规模最大单品，列滋补养生第一品牌；(2) 复方阿胶浆，来源于明代经典名方“两仪膏”，是中药独家品种，气血双补，39年品质保障，在气血双补市场上遥遥领先；(3) 阿胶糕，优选地道原材料，中国风设计，更适合高端女性和有礼品需求的人，通过食补，自内而外焕发美丽真颜。

第2部分　企业发展战略的分析要点

2.1 识别企业的发展战略

1. 投资资产

第一，我们可以在资产负债表上直接找出那些具有投资性质的资产项目的数据。这些数据意味着企业在投资上直接占用的资源，包括交易性金融资产、可供出售金融资产、持有至到期投资和长期股权投资等。

第二，我们再找出企业以其他应收款、预付款项、其他流动资产和其他非流动资产的形式向子公司提供的资源。

从企业的实践来看，向子公司提供除注册资本以外的资金时，往往通过其他应收款、预付款项、其他流动资产和其他非流动资产的项目来反映。但是，其他应收款、预付款项、其他流动资产和其他非流动资产的规模并不都是向子公司提供的资金。根据合并报表编制原理，合并报表中其他应收款、预付款项、其他流动资产和其他非流动资产相应项目小于母公司的部分才是向子公司提供的资金。母公司向子公司提供非入资资源的确定见表 2 - 1。

表 2 - 1　向子公司提供非入资资源的确定

	合并报表 (1)	母公司报表 (2)	合并报表小于母公司报表（投资方向子公司提供非入资资源） (3) = (2) − (1)
预付款项			
其他应收款			
其他流动资产			
其他非流动资产			
合计			

2. 经营资产

典型的经营资产包括货币资金、应收票据、应收账款、存货、固定资产、无形资产等。实际上，预付款项、投资性房地产、在建工程等也属于经营资产。

但是，作为一种战略分析，没有必要特别精准。简单地计算，在资产总额中，不属于投资资产的资产均可视为经营资产。

3. 关于货币资金

实际上，货币资金既可以用于经营，也可以用于投资。

如果货币资金在资产总额中的比重较大，则直接将其归为经营资产就会影响我们的判断。此时，可以考虑在资产总额中把货币资金剔除，直接分析除了货币资金以外的资产中，投资资产和经营资产的占比情况，并据此作出判断。

2.2 识别企业对外控制性投资的扩张效应

具有战略意义的投资资产是控制性投资资产。分析控制性投资资产所实现的资产扩张效应，需要识别企业控制性投资所占用的资源，并将其与控制性投资所实现的资产扩张相比较。

1. 企业控制性投资所占用的资源

企业的控制性投资主要包含在母公司资产负债表的这样几个项目中：长期股权投资、其他应收款和预付款项，极个别情况下，企业的控制性投资也包括在其他流动资产和其他非流动资产内。

但是，长期股权投资、其他应收款、预付款项、其他流动资产和其他非流动资产并不都是控制性投资占用的资源，只有一部分是控制性投资。

根据合并资产负债表的编制原理，长期股权投资、其他应收款、预付款项、其他流动资产和其他非流动资产等项目的合并报表数据与母公司数据之差（合并报表小于母公司报表相应项目部分）大体反映了控制性投资所占用资源的规模。见表2－2。

表2－2　控制性投资占用资源的确定

	合并报表 (1)	母公司报表 (2)	合并报表小于母公司报表 (控制性投资占用资源) (3)＝(2)－(1)
预付款项			
其他应收款			
其他流动资产			
长期股权投资			
其他非流动资产			
合计			

2. 控制性投资所实现的资产扩张效果

根据合并报表编制原理，在资产总计中，合并报表和母公司报表数据的差额就是控制性投资所实现的资产扩张效果，即

控制性投资所实现的资产扩张效果＝合并资产总额－母公司资产总额

一般情况下，合并资产总计大于母公司资产总计的部分越大，表明企业控制性投资的扩张效应越明显。

第3部分　案例评析

3.1　对伊利股份发展战略的分析

3.1.1　识别企业的发展战略

1. 投资资产

（1）母公司直接投资项目的规模。母公司直接投资项目包括交易性金融资产、可供出售金融资产、持有至到期投资和长期股权投资等。本案例中的数据见表2-3。

表2-3　母公司直接投资项目　单位：元

项目	母公司数据
交易性金融资产	0.00
可供出售金融资产	304 987 454.75
持有至到期投资	0.00
长期股权投资	25 192 607 533.12
合计	25 497 594 987.87

（2）母公司向子公司提供非入资资源。母公司向子公司提供的非入资资源见表2-4。

表2-4　母公司向子公司提供的非入资资源　单位：元

	合并报表 (1)	母公司报表 (2)	合并报表小于母公司报表（投资方向子公司提供非入资资源） (3) = (2) − (1)
预付款项	1 459 600 976.55	2 009 243 973.00	549 642 996.45
其他应收款	68 031 255.00	28 725 665.73	不适用
其他流动资产	5 000 433 575.10	1 223 996 434.54	不适用
其他非流动资产	1 718 472 140.06	29 072 137.23	不适用
合计			549 642 996.45

（3）全部投资的基本规模。全部投资的基本规模为直接投资项目的规模与向子公司提供的非入资资源之和，即

全部投资的基本规模＝25 497 594 987.87＋549 642 996.45

＝26 047 237 984.32(元)

这里之所以强调全部投资的基本规模，是因为在企业的其他流动资产和其他非流动资产中，可能存在具有投资性质的理财项目。而具有投资性质的理财项目信息需要通过企业的财务报表附注才能获得。

2. 经营资产

典型的经营资产包括货币资金、应收票据、应收账款、存货、固定资产、无形资产等。实际上，预付款项、投资性房地产、在建工程等也属于经营资产。

考虑到伊利股份的全部资产为 38 293 782 686.50 元，其中，投资资产已经达到了 260 亿元以上，从分析伊利股份发展战略的角度来看，没有必要继续计算伊利股份经营资产的具体规模。

结论：从经营资产与投资资产占全部资产的比重来看，伊利股份的投资资产明显高于经营资产（经营资产最高不超过 123 亿元，即 383 亿元减去 260 亿元）。据此可以说，从母公司的资产布局来看，伊利股份属于投资主导型公司。

但是，应该看到，母公司的资产中，货币资金、应收票据、应收账款、预付款项、存货、固定资产、无形资产等典型经营资产均有一定规模。这说明，母公司保有了较为完备的经营资产体系，伊利股份具有较为完整的生产经营系统。

由于母公司保留较为完整的生产经营系统，母公司应该拥有一定的生产经营能力，而同时又采用投资主导的发展战略，此时伊利股份对外控制性投资所形成的子公司，或者与母公司形成上下游的产业链关系，从而可以最大限度地实现整个集团的财务绩效；或者形成与母公司经营同类产品或业务但分布于不同地区的业务结构；或者与母公司共同实现战略协同的多元化业务格局。

3.1.2　识别对外控制性投资的扩张效应

1. 伊利股份控制性投资占用的资源，见表 2-5

表 2-5　　伊利股份控制性投资占用的资源　　单位：元

	合并报表 (1)	母公司报表 (2)	合并报表小于母公司报表 （控制性投资占用资源） (3) ＝ (2) － (1)
预付款项	1 459 600 976.55	2 009 243 973.00	549 642 996.45
其他应收款	68 031 255.00	28 725 665.73	不适用

续前表

	合并报表 (1)	母公司报表 (2)	合并报表小于母公司报表 (控制性投资占用资源) (3) ＝ (2) － (1)
其他流动资产	5 000 433 575.10	1 223 996 434.54	不适用
长期股权投资	1 909 387 113.45	25 192 607 533.12	23 283 220 419.67
其他非流动资产	1 718 472 140.06	29 072 137.23	不适用
合计			23 832 863 416.12

2. 伊利股份控制性投资所实现的资产扩张效果

控制性投资所实现的资产扩张效果＝合并资产总额－母公司资产总额

＝47 606 204 460.43－38 293 782 686.50

＝9 312 421 773.93(元)

这就是说，母公司用了约 238 亿元的控制性投资，取得了约为 93 亿元的集团资产增长效果。

3.2　对东阿阿胶发展战略的分析

3.2.1　识别企业的发展战略

1. 投资资产

(1) 母公司直接投资项目的规模。母公司直接投资项目包括交易性金融资产、可供出售金融资产、持有至到期投资和长期股权投资等。本案例中的数据见表 2－6。

表 2－6　母公司直接投资项目　单位：元

项目	母公司数据
交易性金融资产	0.00
可供出售金融资产	14 441 404.63
持有至到期投资	0.00
长期股权投资	441 269 752.18
合计	455 711 156.81

（2）母公司向子公司提供非入资资源。母公司向子公司提供的非入资资源见表2-7。

表2-7　母公司向子公司提供的非入资资源　单位：元

	合并报表（1）	母公司报表（2）	合并报表小于母公司报表（投资方向子公司提供非入资资源）（3）＝（2）－（1）
预付款项	85 295 137.73	33 136 036.40	不适用
其他应收款	51 587 288.99	949 991 885.92	898 404 596.93
其他流动资产	2 720 086 873.10	2 706 302 881.39	不适用
其他非流动资产	92 483 907.80	91 812 707.80	不适用
合计			898 404 596.93

（3）全部投资的基本规模。全部投资的基本规模为直接投资项目的规模与投资方向子公司提供的非入资资源之和，即

全部投资的基本规模＝455 711 156.81＋898 404 596.93
＝1 354 115 753.74（元）

这里之所以强调全部投资的基本规模，是因为在东阿阿胶的其他流动资产和其他非流动资产中，可能存在具有投资性质的理财项目。而具有投资性质的理财项目信息需要通过企业的财务报表附注才能获得。

2. 经营资产

典型的经营资产包括货币资金、应收票据、应收账款、存货、固定资产、无形资产等。实际上，预付款项、投资性房地产、在建工程等也属于经营资产。

考虑到东阿阿胶的全部资产约为139亿元，其中，投资资产约为14亿元，从分析东阿阿胶发展战略的角度来看，没有必要继续计算东阿阿胶的经营资产的具体规模。

结论：从经营资产与投资资产占全部资产的比重来看，东阿阿胶的投资资产明显低于经营资产（投资资产约14亿元，远比资产总额139亿元低）。据此可以说，从母公司的资产布局来看，东阿阿胶属于经营主导型公司。

对于母公司保有绝大多数经营资产的东阿阿胶集团而言，其整个集团采用了专业化的发展战略，母公司则是实施专业化发展的业务核心。东阿阿胶专业化战略所

导致的企业竞争力，往往体现在毛利率、核心利润率、存货周转率、核心利润获现率等方面。

而东阿阿胶的控制性投资资产所形成的子公司，则可能在为母公司进行经营配套、市场开拓等方面做出贡献。

3.2.2　识别对外控制性投资的扩张效应

1. 东阿阿胶控制性投资占用的资源，见表 2－8

表 2－8　东阿阿胶控制性投资占用的资源　单位：元

	合并报表 (1)	母公司报表 (2)	合并报表小于母公司报表 (控制性投资占用资源) (3) ＝ (2) － (1)
预付款项	85 295 137.73	33 136 036.40	不适用
其他应收款	51 587 288.99	949 991 885.92	898 404 596.93
其他流动资产	2 720 086 873.10	2 706 302 881.39	不适用
长期股权投资	217 056 709.96	441 269 752.18	224 213 042.22
其他非流动资产	92 483 907.80	91 812 707.80	不适用
合计			1 122 617 639.15

2. 东阿阿胶控制性投资所实现的资产扩张效果

控制性投资所实现的资产扩张效果＝合并资产总额－母公司资产总额

＝13 869 959 247.35－13 893 180 717.46

＝－23 221 470.11(元)

这就是说，母公司用了约 14 亿元的控制性投资，取得了约为－2 300 万元的集团资产增长效果。这说明东阿阿胶的控制性投资并没有带来企业集团资产总额的增长。

根据本书作者的研究，母公司控制性投资资产所导致的集团整体资产的增长规模，体现了企业控制性投资的资产扩张效果。一般来说，应该是越大越好。至于哪些原因导致了企业对外控制性投资的资产扩张效果，我们将在后面关于企业资本引入战略的案例分析中予以讨论。

名师案例：企业发展战略分析专题

1. 企业发展战略概述
2. 高商誉快速并购还是脚踏实地慢速扩张：奥飞玩具与高乐玩具的对比
3. 美的集团的扩张之路 1
4. 美的集团的扩张之路 2
5. 格力电器的底气在哪：从资产负债表说起 1
6. 格力电器的底气在哪：从资产负债表说起 2
7. 乐视网缘何难以为继：从现金流量表发现的端倪 1
8. 乐视网缘何难以为继：从现金流量表发现的端倪 2

专题3　企业引资战略分析

——中国联通

第1部分　案例资料

1. 财务报表

中国联合网络通信股份有限公司（简称中国联通）2017—2018年度资产负债表、利润表和现金流量表见附录3。

2. 公司基本情况

（1）设立情况。

中国联合网络通信股份有限公司（“本公司”或“本集团母公司”）是根据国务院批准的重组方案，由中国联合网络通信集团有限公司（简称联通集团）以其在中国联通（BVI）有限公司（简称联通BVI公司）51%的股权投资所对应的经评估的净资产出资，并联合其他四家发起单位以现金出资于2001年12月31日在上海成立的股份有限公司。经批准的经营范围为从事国（境）内外电信行业的投资，2018年本公司注册地址由上海变更为北京。本公司目前只直接持有对联通BVI公司的股权投资。本公司通过联通BVI公司及其子公司——中国联合网络通信（香港）股份有限公司（简称联通红筹公司）控股中国联合网络通信有限公司（简称联通运营公司）。联通运营公司是一家在中国境内提供综合电信服务的大型电信公司，其主营业务为在中国境内提供语音通话、增值服务、宽带及移动数据服务、数据及其他互联网应用、电路及网元服务等。

本公司的母公司及最终控股公司为联通集团。

（2）业务情况。

2018年，公司经营业绩持续显著改善。全年实现主营业务收入人民币2 637亿元，同比增长5.9%，领先于行业平均3.0%的增长率；EBITDA达到人民币852亿元，同比增长4.3%；利润总额达到人民币121亿元，归属于母公司净利润达到人民币41亿元，同比增长858%，盈利持续“V”型反弹。

公司坚持以精准投资和共享合作促进网络效能提升，在确保网络竞争力的同时，全年资本开支继续得到有效控制，为人民币449亿元。得益于收入的持续增长以及支出的良好控制，公司自由现金流再创历史新高，达到人民币500亿元；资产负债率由上年同期的46.5%进一步下降至41.5%，公司财务状况更加稳健，资本实力持续增强。公司高度重视股东回报。在充分考虑盈利状况、债务和现金流水平及未来发展的资金需求后，董事会建议每股派发股息人民币0.053 3元。未来公司将继续努力提升盈利能力和股东回报。

第2部分　企业引资战略的分析要点

2.1　识别母公司与整个集团（合并报表展示）的资本引入战略

对于母公司的负债和所有者权益，可以将其区分为经营性负债、金融性负债、内生性负债、股东入资和利润积累；对于合并报表的负债和所有者权益，可以将其区分为经营性负债、金融性负债、股东入资、利润积累和少数股东贡献。不同的资本结构，可以显示出企业不同的资本引入战略。

我们在本书前面部分已经讨论过，可以按照企业经营性负债、金融性负债、股东入资以及利润积累在负债和股东权益总规模中的比重大小，将企业按照资本引入战略区分为几种类型：以经营性资源为主的经营驱动型、以金融性资源为主的债务融资驱动型、以股东入资为主的股东驱动型、以留存资本为主的利润驱动型以及以均衡利用各类资本的并重驱动型。

当然，在母公司整合子公司货币资金所形成的其他应付款占据主导地位的情况下，可以认为是内部整合资金管理驱动型。

2.2　母公司与整个集团（合并报表展示）的资本引入战略的差异

1. 母公司与子公司资金管理模式和母公司资本引入战略

就基本结构而言，母公司与整个集团的资本引入战略是一致的，均可以按照企业经营性负债、金融性负债、股东入资以及利润积累在负债和股东权益总规模中的比重大小来确定或判断企业的资本引入战略的类型。

但是，在母公司与子公司之间的资金管理模式采用集权管理的条件下，母公司整合子公司货币资金所形成的其他应付款占据主导地位，表现为母公司的其他应付款远超合并报表的其他应付款，即其他应付款项目“越合并越小”的差额即为母公司整合子公司资金的基本规模。在母公司整合子公司资金达到较大规模时，整合集团子公司资金就构成了母公司的引资战略。此时，母公司的资本引入战略就属于内部整合资金管理驱动型。

而合并报表上所展示出来的整个集团的资本引入战略则没有内部整合资金管理驱动型。

2. 吸纳子公司少数股东入资、子公司治理结构与整个集团资本引入战略

虽然就基本结构而言，整个集团的资本引入战略可以按照企业经营性负债、金融性负债、股东入资以及利润积累在负债和股东权益总规模中的比重大小来确定或判断其资本引入战略的类型，但是，对子公司的融资吸纳以及子公司的治理结构设计则体现了整个集团的引资战略。

实际上，在各个财务报表中出现的少数股东中的“少数”并不意味着对子公司持有较少股份的股东，而是指对子公司不享有控制权的股东。在某些情况下，子公司持有超过 50%股份的股东，虽然在股份比例上超过了 50%，形成了数量上的“多数”，但只要这些股东由于各种原因对被持股企业不能形成控制，则在编制合并财务报表时仍被称为“少数股东”。

因此，母公司如果希望通过设立子公司，利用吸纳子公司的资本实现子公司资产规模的扩大，则可能采取的途径一是尽最大可能以较少的股份持有实现对子公司的控制，二是通过与其他股东一起形成一致行动人，代其他股东行使投票权，实现以较少的持股比例并拥有控制性的投票比例来实现对子公司的控制。

在实践中，越来越多的企业通过投票权的控制力而不是直接持股比例的控制力来实现对特定企业的控制。

2.3　母公司控制性投资资产扩张效果的原因分析

在前面关于企业发展战略的案例分析中，我们看到，不同企业的控制性投资的资产扩张效果是不一样的：有的效果很明显，有的效果不明显，甚至是负数，即合并资产小于母公司资产。

现在，我们可以揭示母公司控制性投资资产扩张效果的原因了。

1. 子公司的四大动力与母公司控制性投资的资产扩张效果

对于子公司而言，其自身发展的四大动力仍然是经营性负债、金融性负债、股东入资（少数股东入资）和利润积累。

当上述四大动力作用的结果导致子公司资产增长时，母公司控制性投资将使得整个集团资产总额实现增长；当上述四大动力作用的结果导致子公司资产出现负增长时（主要原因应该是子公司出现亏损），母公司控制性投资将使得整个集团资产总额减少。当子公司业务能力不强、融资能力不强、盈利能力不强和子公司少数股东入资比例不高时，母公司控制性投资的资产扩张效果就会不明显。

2. 对子公司控制权的并购代价与母公司控制性投资的资产扩张效果

在母公司对子公司的控制权是通过并购方式获得的情况下，在非同一控制人之间发生的并购很可能产生并购商誉（并购商誉出现在合并资产负债表上）。当并购方的并购代价过大时，企业控制性投资的资产扩张效果就会较差。

第3部分　案例评析

3.1　中国联通母公司的资本引入战略

在中国联通母公司高达约1 049亿元的负债与股东权益中，负债仅为微不足道的约30亿元，且其主体是长期应付款，规模为2 993 014 742元。有意思的是，该数据与股东权益中的“库存股”项目的规模完全一样。这说明，长期应付款并不是具有贷款性质的负债。构成企业资本主体的是股本和资本公积，两项之和约为1 035亿元。而盈余公积与未分配利润之和约为14亿元。此外，母公司的“其他应付款”项目规模很小，不存在母公司对子公司资金进行整合的迹象。

因此，从母公司负债和股东权益的构成来看，母公司的引资战略就是从股东获得资金，支持自己的对外控制性投资以及日常的投资管理活动。

3.2　中国联通整个集团的资本引入战略

中国联通合并报表的负债与股东权益约为5 418亿元。从负债和股东权益的构成来看，支持这 5 418 亿元的资源主要包括：

第一，金融性负债 402 亿元，其中，短期借款 151 亿元、一年内到期的非流动负债 178 亿元、长期借款 32 亿元、应付债券 10 亿元、长期应付款 31 亿元。第二，经营性负债 1 809 亿元，其中，应付票据及应付账款 1 087 亿元、预收款项 3 亿元、合同负债 430 亿元、应付职工薪酬 83 亿元、应交税费 9 亿元、其他应付款 163 亿元、其他流动负债 34 亿元。第三，母公司股东与子公司非控制性股东 2 803 亿元，其中，母公司股东贡献 1 035 亿元，子公司少数股东权益约为 1 768 亿元。这 1 768 亿元中除了包括子公司少数股东入资外，还包括子公司累积的归属于少数股东的盈余公积与未分配利润等。由于分析资料不能直接获得子公司累积的归属于少数股东的盈余公积与未分配利润数据，我们将全部少数股东权益归于少数股东对子公司的资源贡献。第四，子公司的利润积累。由于子公司的利润积累已经归入合并资产负债表的少数股东权益，而显示在合并报表中的未分配利润仅仅是归属于母公司股东的子公司未分配利润，因此，我们不能获得完整的子公司利润累积对整个集团资产规模的贡献。尽管如此，我们仍然可以看出，子公司的利润积累对整个集团资产的增长贡献是比较大的。

从整体上看，企业集团整体的引资战略是这样的：通过吸纳母子公司的股东入资，对企业集团带来直接的现金贡献，为各个企业的经营活动奠定基础；再辅之以一定必要的贷款融资而迅速形成子公司的经营活动；而子公司的利润积累又对企业集团整体形成新的贡献。

需要注意的是，合并报表归属于母公司所有者权益合计规模为 1 401 亿元，而合并报表中的少数股东权益为 1 768 亿元——少数股东权益的规模超过了归属于母公司所有者权益！这说明，在整体上，子公司“少数股东”对子公司的入资贡献在持股比例上已经超过了母公司。

需要注意的是，作为引资战略的结构性分析，我们没有必要对一些细小、没有战略分析价值的项目（如递延所得税、长期应付职工薪酬等）进行关注。

3.3　对中国联通母公司控制性投资资产扩张效果的分析

为进一步聚焦相关项目，我们摘录相关项目的期末数据，见表 3-1。

表 3-1　中国联通部分数据　单位：元

项目	合并报表	母公司报表
其他应收款	2 878 388 446.00	

续前表

项目	合并报表	母公司报表
预付款项	4 030 653 660.00	
其他流动资产	12 270 983 584.00	11 377 481.00
长期股权投资	39 723 875 225.00	100 686 178 479.00
其他非流动资产	6 625 496 054.00	3 042 122 315.00
资产总计	541 762 283 984.00	104 940 053 972.00

从表 3-1 可以看出，上述可能与控制性投资有关的项目中，其他应收款、预付款项、其他流动资产、其他非流动资产均出现了合并报表数据显著大于母公司数据的情况，这说明母公司没有明显的通过这几个项目向子公司提供资金的迹象。

因此，基本控制性投资规模的确定就只能通过长期股权投资来进行。

通过考察母公司与合并报表长期股权投资项目之差，我们可以确定企业控制性投资的基本规模约为 610 亿元（1 007－397）。

通过考察母公司与合并报表资产总计项目之差，我们可以确定企业控制性投资所实现的资产扩张基本规模约为 4 369 亿元（5 418－1 049）。

通过简单分析，我们得出结论：母公司以约 610 亿元的投资规模，实现了集团资产增长 4 369 亿元的扩张效果！

我们在前面刚刚分析了这种扩张效果的原因——集团对子公司的引资战略，即在母公司对子公司投资不多的情况下，通过吸纳子公司的非控制性股东对子公司投入更多的现金来为各个子公司的经营活动奠定基础；再辅之以一定必要的贷款融资而迅速形成子公司的经营活动；而子公司的利润积累又对企业集团整体形成新的贡献。

相信学到这里，读者可以对伊利股份和东阿阿胶两家公司控制性投资的资产扩张效果进行原因分析了。

专题 4 企业集团债务融资管理与货币资金管理分析
——伊利股份、东阿阿胶与中国联通的比较

第 1 部分 案例资料

伊利股份的相关信息见附录 1 和专题 2 中的案例资料。

东阿阿胶的相关信息见附录 2 和专题 2 中的案例资料。

中国联通的相关信息见附录 3 和专题 3 中的案例资料。

第 2 部分 企业集团债务融资管理与货币资金管理的分析要点

2.1 识别企业集团的债务融资管理方式——集权管理与分权管理

在采用集团化管理的企业中，母公司对于其债务融资的管理与运用，通常采用如下几种模式：

1. 集权管理

采用集权管理模式的企业，母公司可凭借其自身的融资优势，利用其自身的融资平台进行融资。所获得的融资，除了满足其自身经营所需资金外，还大量提供给子公司。这种融资管理模式将最大限度地降低整个集团的融资成本，提高整个集团的财务效益。

采用这种模式的企业，其融资活动对财务报表的影响表现为：

（1）融资对负债的影响表现在母公司的金融性负债（如短期借款、长期借款、

应付债券等）中，而子公司由于不进行此类融资，其相应项目的金额为零或者极低。

（2）如果母公司获得的融资提供给子公司，则母公司的其他应收款和预付款项将因此出现相应规模增长，合并报表相应项目的数字会出现“越合并越小”的情况。这种越合并越小的规模之差就是母公司向子公司提供资金的基本规模。

（3）在母公司将其获得的融资提供给子公司的情况下，因融资发生的财务费用将直接表现在母公司的利润表中。如果子公司不进行债务融资，则合并利润表的“财务费用”项目的数字基本上展示的是母公司的财务费用。

2. 分权管理

采用分权管理模式的企业，母公司基本不为子公司融资。母子公司凭借各自的融资优势，利用各自的融资平台进行融资。子公司按照自身的发展需求安排融资计划。这种融资管理模式可以最大限度地调动子公司的积极性，强化子公司的资金成本意识，但是也存在整个集团的融资规模和融资成本失控的风险。

采用这种模式的企业，其融资活动对财务报表的影响表现为：

（1）融资对负债的影响表现在母公司和合并报表的金融性负债（如短期借款、长期借款、应付债券等）中，母公司的金融性负债金额只是为解决自身的资金需求而进行的融资。

（2）由于子公司在很多情况下是各自为战的融资，往往会在合并资产负债表上出现各种原因引起的融资过度问题，即一方面合并资产负债表中的借款尤其是短期借款居高不下，同时导致合并利润表中的财务费用（主要包括利息费用）居高不下；另一方面合并资产负债表中的货币资金居高不下。这种现象我们通常称为“三高”现象。

（3）子公司因融资发生的财务费用将直接表现在子公司的利润表中。此时，合并利润表的“财务费用”项目的数字会出现“越合并越大”的情况。

3. 集权与分权相结合的管理模式

由于各种因素的制约，很多情况下母公司的债务融资难以满足整个集团尤其是子公司全部的资金需要。此时母公司往往采用集权与分权相结合的管理模式：母公司尽自身所能进行债务融资，并将其提供给子公司使用；子公司对于资金不足的部分，利用自身的融资平台进行融资。

此种情况下的融资管理对财务报表所产生的影响介于前两者之间。

2.2 识别企业集团的货币资金管理方式——集权管理与分权管理

在采用集团化管理的企业中，母公司对于集团内货币资金的管理，通常采用如下几种模式：

1. 集权管理

采用集权管理模式的企业，母公司随时将集团内子公司的闲置资金汇集到母公司，在集团内统一调配使用。这种管理模式将最大限度地降低整个集团的融资成本，提高整个集团的资金使用效益。

采用这种模式的企业，对财务报表产生的影响表现为：

（1）母公司将集中集团内的货币资金，子公司账面上保有较小规模的货币资金；母公司在整合子公司资金过程中所形成的负债，计入其他应付款。

（2）合并报表上的其他应付款的规模将小于母公司的规模，差额代表了母公司整合子公司资金的基本规模。

（3）如果母公司整合的资金提供给子公司，则母公司的其他应收款和预付款项将因此而出现相应规模的增长，合并报表的其他应收款和预付款项会出现“越合并越小”的情况。这种越合并越小的规模之差就是母公司向子公司提供资金的基本规模。

2. 分权管理

采用分权管理模式的企业，母公司自己基本不整合子公司的闲置资金。母子公司各自拥有和支配自己的货币资金。这种管理模式将最大限度地调动子公司的积极性。但是由于集团不能整合子公司的闲置资金，存在着整个集团的融资成本较高以及部分货币资金闲置的可能。

采用这种模式的企业，财务报表的影响表现为：

（1）母公司和子公司各自账面上均保有较大规模的货币资金。

（2）集团内各个公司因自身需求而举借的债务将在增加整个集团合并报表借款规模的同时，增加整个集团合并报表中货币资金的规模。

（3）在合并资产负债表上，货币资金与各类贷款将出现“双高”现象。

3. 集权与分权相结合的管理模式

由于各种因素的制约，很多情况下母公司整合集团子公司货币资金时会遇到来自子公司内部或者外部的阻力。此时母公司往往采用集权与分权相结合的管理模式：母公司尽自身所能进行子公司的货币资金整合，并将其提供给子公司使用；子公司不能被整合的资金部分，由子公司保有和支配。

此种情况下的资金管理对财务报表产生的影响介于前两者之间。

第3部分 案例评析

3.1 对伊利股份企业集团债务融资管理与货币资金管理的分析

为进一步聚焦相关项目，我们摘录相关项目的年末数据见表4-1。

表4-1 伊利股份企业集团部分数据 单位：元

项目	合并报表	母公司报表
货币资金	11 051 003 654.02	3 005 604 575.71
其他应收款	68 031 255.00	28 725 665.73
预付款项	1 459 600 976.55	2 009 243 973.00
短期借款	1 523 000 000.00	1 300 000 000.00
一年内到期的非流动负债	33 128 853.96	4 784 061.67
其他应付款	1 117 131 224.31	1 000 927 847.02
长期借款	289 000.00	289 000.00

1. 识别伊利股份企业集团的债务融资管理方式

与伊利股份债务融资管理有关的项目包括短期借款、一年内到期的非流动负债以及长期借款等项目。

从上述项目母公司与合并数据的比较来看，伊利股份长期借款项目母公司与合并数据相同，说明子公司没有增量长期借款；一年内到期的非流动负债项目母公司与合并数据虽有较大差距，但以亿元为单位来看，并不能认为子公司拥有较大的长期贷款的自由裁量权；短期借款项目母公司的规模是13亿元，合并数据是15.23亿元，表明子公司的短期借款为2.23亿元。

出现这种情况的原因可能是：在债务融资管理体制上，以母公司集中进行债务融资为主，再辅之以子公司的自主融资，即集团的债务融资以母公司为主来进行，子公司所需资金则由母公司通过预付款项或者其他应收款的通道来提供。在母公司不能支持某些子公司资金的情况下，由子公司自己进行债务融资。

考察一下伊利股份的其他应收款与预付款项两个项目的母公司数据与合并数据之间的差额，我们可以看到：其他应收款的合并数据显著高于母公司数据，且从数量级来看，其规模较低，说明母公司向子公司提供资金的通道主要不是其他应收款项目；而预付款项的合并数据显著低于母公司数据，两者相差约 5 亿元，说明母公司向子公司提供资金的通道主要通过预付款项这个项目。同时，在个别子公司的资金需求上，由于自身的贷款能力限制，母公司不能提供资金，这些子公司只能直接从事债务融资活动（短期借款、一年内到期的非流动负债两个项目的合并数据与母公司数据之差是子公司的贷款规模）。从数量规模来看，整个集团的债务融资主要发生在母公司。

2. 识别伊利股份企业集团的货币资金管理方式

与伊利股份企业集团的货币资金管理方式有关的项目包括货币资金、其他应付款、其他应收款和预付款项等项目。

从上述项目母公司与合并数据的比较来看，企业货币资金项目在母公司的数据约为 30 亿元，合并数据约为 111 亿元，两者相差金额巨大，说明子公司拥有大量货币资金；其他应付款项目在母公司的数据约为 10 亿元，合并数据约为 11 亿元，两者相差金额不大，且呈现出“越合并越大”的态势，没有明显的迹象表明母公司对子公司资金进行整合；而其他应收款的合并数据显著大于母公司数据，没有迹象显示母公司通过其他应收款的通道向子公司提供资金；虽然预付款项合并报表的数据显著低于母公司数据，且两者相差约 5 亿元，但由于母公司并没有整合集团子公司资金的迹象，我们也不能将这种差额归于母公司对整合子公司资金所进行的运用。正如前面分析的，我们更倾向于把母公司对子公司提供的 5 亿元资金视为母公司对其债务融资所获资金的一种使用和安排。

结论：伊利股份在货币资金管理上基本采取了分权管理的方式：子公司拥有大量的货币资金，母公司基本上没有对子公司货币资金进行集中整合。

采用这样的资金管理方式，可以在一定程度上调动子公司货币资金管理的积极性，促使其看好自己的钱口袋。但可能存在整个集团资金管理效率下降的风险。当某些子公司存在大量闲置货币资金而同时有另外的子公司需要货币资金时，由于集团内缺乏以母公司为主导的强有力的货币资金整合机制，将使得整个集团的债务融资成本升高。而母公司对债务融资的集权管理方式可以在一定程度上降低这种风险。

3.2 对东阿阿胶企业集团债务融资管理与货币资金管理的分析

为进一步聚焦相关项目，我们摘录相关项目的年末数据，见表4-2。

表4-2 东阿阿胶企业集团部分数据 单位：元

项目	合并报表	母公司报表
货币资金	2 135 939 927.81	2 071 006 342.15
其他应收款	51 587 288.99	949 991 885.92
预付款项	85 295 137.73	33 136 036.40
短期借款	0	0
一年内到期的非流动负债	0	0
其他应付款	634 689 958.88	737 243 626.71
长期借款	0	0

1. 识别东阿阿胶企业集团的债务融资管理方式

与东阿阿胶债务融资管理有关的项目包括短期借款、一年内到期的非流动负债以及长期借款等项目。

从上述项目母公司与合并数据的比较来看，东阿阿胶长期借款项目、一年内到期的非流动负债项目和短期借款项目的规模均为零。这说明母子公司均没有进行债务融资。

出现这种情况的原因可能是：母子公司各自拥有较为充分的经营活动现金流量，母公司通过吸纳股东入资与整合子公司资金，完全可以解决集团内母子公司的资金需求。

由于东阿阿胶在期末没有任何贷款发生，因此我们不能对东阿阿胶的债务融资管理方式进行评价。

2. 识别东阿阿胶企业集团的货币资金管理方式

与东阿阿胶企业集团的货币资金管理方式有关的项目包括货币资金、其他应付款、其他应收款和预付款项等项目。

从上述项目母公司与合并数据的比较来看，东阿阿胶货币资金项目在母公司的数据约为20.71亿元，合并数据约为21.36亿元，两者相差金额较小，说明母公司拥有大量货币资金，子公司保有较少的货币资金；其他应付款项目在母公司的数据约为7.37亿元，合并数据约为6.35亿元，两者相差金额约为1亿元，且呈现出“越合并越小”的态势，说明母公司对子公司资金进行整合的规模至少为1亿元；而其他应收款合并数据显著小于母公司数据，两者相差约为9亿元，显示母公司通过其他应收款这一资金通道向子公司提供大量资金。而预付款项在合并报表中的数据显著高于母公司数据，且两者相差约0.5亿元，说明母公司向子公司提供资金的通道主要是其他应收款项目而不是预付款项项目。由于母公司并没有任何债务融资，我们不能将母公司通过其他应收款向子公司提供的资金视为母公司对其债务融资的使用，而应将其视为母公司对整合子公司资金及自身资金的使用。

结论：东阿阿胶在货币资金管理上基本采取了集权管理的方式：母公司拥有大量的货币资金，子公司保有较少的货币资金，母公司对子公司货币资金进行了集中整合。

采用这样的资金管理方式，可以最大限度地节约整个集团的债务融资成本，最大限度地提高资金使用效率，降低货币资金管理风险。

3.3 对中国联通企业集团债务融资管理与货币资金管理的分析

为进一步聚焦相关项目，我们摘录相关项目的年末数据，见表4-3。

表4-3　中国联通企业集团部分数据　单位：元

项目	合并报表	母公司报表
货币资金	33 783 352 034.00	266 645 224.00
其他应收款	2 878 388 446.00	0
预付款项	4 030 653 660.00	0
短期借款	15 132 619 893.00	0
一年内到期的非流动负债	17 763 739 166.00	0
其他应付款	15 999 450 567.00	0
长期借款	3 173 172 976.00	0
应付债券	998 985 859.00	0

1. 识别中国联通企业集团的债务融资管理方式

与中国联通债务融资管理有关的项目包括短期借款、一年内到期的非流动负债、长期借款以及应付债券等项目。

从上述项目母公司与合并数据的比较来看，企业短期借款、一年内到期的非流动负债、长期借款以及应付债券等项目在母公司报表的数据为零，合并报表数据规模不等。

出现这种情况的原因可能是：在债务融资管理体制上，中国联通采取了彻底的分权管理模式。各类债务融资均由子公司自主进行。

这种管理模式可以在一定程度上调动子公司债务融资的积极性，强化子公司的债务融资成本意识。但由于全部债务融资均集中在子公司，母公司应加强对子公司债务融资的指导，避免整个集团债务融资失控。

2. 识别企业集团的货币资金管理方式

与中国联通企业集团的货币资金管理方式有关的项目包括货币资金、其他应付款、其他应收款和预付款项等项目。

从上述项目母公司与合并数据的比较来看，中国联通货币资金项目在母公司的数据约为2.67亿元，合并数据约为337.83亿元，两者相差金额巨大，说明子公司拥有大量货币资金；其他应付款项目在母公司的数据为零，合并数据约为159.99亿元，两者相差金额很大，且呈现出“越合并越大”的态势，没有迹象表明母公司对子公司资金进行整合；而其他应收款项目在母公司的数据为零，没有迹象显示母公司通过其他应收款的通道向子公司提供资金；预付款项项目在母公司的数据为零，也没有迹象显示母公司通过预付款项的通道向子公司提供资金。

结论：中国联通在货币资金管理上采取了分权管理的方式：子公司拥有大量的货币资金，母公司没有对子公司货币资金进行集中整合，也没有通过其他应收款或预付款项通道向子公司提供资金。

与前面的分析一样，采用这样的资金管理方式，可以在一定程度上调动子公司货币资金管理的积极性，促使其看好自己的“钱口袋”，但可能存在整个集团资金管理效率下降的风险。当某些子公司存在大量闲置货币资金而同时有另外的子公司需要货币资金时，由于集团内缺乏以母公司为主导的货币资金整合机制，将使得整个集团的债务融资成本升高。

专题5 营运资本管理分析

——东阿阿胶与中国联通的比较

第1部分 案例资料

1.1 东阿阿胶

东阿阿胶的相关信息见附录2和专题2中的案例资料。

为聚焦本案例分析，我们摘录部分信息如下：

1. 部分资产负债表项目，见表5-1

表5-1 东阿阿胶部分资产负债表项目 单位：元

	2018-12-31	2018-12-31	2017-12-31	2017-12-31
报告期	年报	年报	年报	年报
报表类型	合并报表	母公司报表	合并报表	母公司报表
流动资产：				
货币资金	2 135 939 927.81	2 071 006 342.15	1 725 322 019.94	1 688 480 845.80
应收票据及应收账款	2 406 837 522.62	2 409 748 423.03	1 056 558 417.87	967 029 245.34
应收票据	1 504 559 391.63	1 477 691 403.44	551 832 220.20	518 563 604.41
应收账款	902 278 130.99	932 057 019.59	504 726 197.67	448 465 640.93
预付款项	85 295 137.73	33 136 036.40	166 416 868.57	94 204 603.30
其他应收款（合计）	53 074 278.98	951 478 875.91	60 487 713.85	1 079 561 799.51

续前表

	2018-12-31	2018-12-31	2017-12-31	2017-12-31
报告期	年报	年报	年报	年报
报表类型	合并报表	母公司报表	合并报表	母公司报表
应收股利	0	0	0	31 807 329.65
应收利息	1 486 989.99	1 486 989.99	1 324 138.04	1 324 138.04
其他应收款	51 587 288.99	949 991 885.92	59 163 575.81	1 046 430 331.82
存货	3 366 887 212.23	2 808 072 870.35	3 606 927 462.32	2 864 070 995.91
其他流动资产	2 720 086 873.10	2 706 302 881.39	3 024 626 208.38	2 951 554 521.61
流动资产合计	10 768 120 952.47	10 979 745 429.23	9 640 338 690.93	9 644 902 011.47
流动负债:				
应付票据及应付账款	476 662 694.36	436 905 985.56	860 325 716.95	848 898 191.79
应付票据	267 055 388.04	0	31 191 868.31	31 191 868.31
应付账款	209 607 306.32	0	829 133 848.64	817 706 323.48
预收款项	464 915 199.91	429 800 296.03	437 952 112.89	330 609 518.49
应付职工薪酬	119 053 208.53	101 556 396.88	84 146 148.14	65 787 923.19
应交税费	770 599 409.71	738 560 495.54	370 687 552.72	342 141 528.93
其他应付款（合计）	634 689 958.88	737 243 626.71	688 366 693.71	724 503 451.32
应付股利	2 000 000.00	0	0	0
其他应付款	632 689 958.88	0	688 366 693.71	724 503 451.32
流动负债合计	2 465 920 471.39	2 444 066 800.72	2 441 478 224.41	2 311 940 613.72

2. 部分利润表项目，见表5-2

表5-2　　东阿阿胶部分利润表项目　　单位：元

	2018年	2018年	2017年	2017年
报告期	年报	年报	年报	年报
报表类型	合并报表	母公司报表	合并报表	母公司报表
营业收入	7 338 316 223.18	5 977 070 125.10	7 372 340 332.18	6 067 309 470.12
营业成本	2 495 745 781.74	1 521 761 031.90	2 576 956 362.64	1 685 732 354.40
存货周转速度（次/年）	0.72	0.54		
毛利率（作者计算）	66.23%	74.55%	65.06%	72.23%
核心利润（作者计算）	2 326 767 061.08	2 239 428 873.86	未计算	未计算

3. 部分现金流量表项目，见表 5-3

表 5-3　　东阿阿胶部分现金流量表项目　　单位：元

	2018-12-31	2018-12-31	2017-12-31	2017-12-31
报告期	年报	年报	年报	年报
报表类型	合并报表	母公司报表	合并报表	母公司报表
经营活动产生的现金流量净额	1 009 049 053.07	845 879 678.29	1 757 389 210.59	1 555 035 823.83

1.2　中国联通

中国联通的相关信息见附录 3 和专题 3 中的案例资料。

为聚焦本案例分析，我们摘录部分信息如下：

1. 部分资产负债表项目，见表 5-4

表 5-4　　中国联通部分资产负债表项目　　单位：元

	2018-12-31	2018-12-31	2017-12-31	2017-12-31
报告期	年报	年报	年报	年报
报表类型	合并报表	母公司报表	合并报表	母公司报表
流动资产：				
货币资金	33 783 352 034.00	266 645 224.00	38 402 165 812.00	183 142 610.00
交易性金融资产	769 905 347.00		159 510 345.00	
应收票据及应收账款	18 206 026 524.00		18 612 629 753.00	
应收票据	363 323 541.00		103 468 782.00	
应收账款	17 842 702 983.00		18 509 160 971.00	
预付款项	4 030 653 660.00		3 773 931 982.00	
其他应收款（合计）	3 220 869 649.00	920 684 679.00	7 906 640 137.00	928 460 164.00
应收股利		917 780 560.00	0	917 780 560.00
应收利息	342 481 203.00	2 904 119.00	317 810 622.00	59 604.00
其他应收款	2 878 388 446.00		7 588 829 515.00	10 620 000.00
存货	2 388 327 329.00		2 238 565 451.00	0
合同资产	1 254 428 639.00		0	0
其他流动资产	12 270 983 584.00	11 377 481.00	5 678 022 644.00	0

续前表

	2018-12-31	2018-12-31	2017-12-31	2017-12-31
报告期	年报	年报	年报	年报
报表类型	合并报表	母公司报表	合并报表	母公司报表
流动资产合计	75 924 546 766.00	1 198 707 384.00	76 771 466 124.00	1 111 602 774.00
流动负债：				
短期借款	15 132 619 893.00		24 318 709 902.00	
应付票据及应付账款	108 702 531 748.00		118 909 887 525.00	
应付票据	99 657 098.00		48 763 558.00	
应付账款	108 602 874 650.00		118 861 123 967.00	
预收款项	328 100 718.00		49 896 910 698.00	
合同负债	42 968 208 117.00			
应付职工薪酬	8 263 357 851.00		5 935 674 406.00	
应交税费	911 509 284.00	313 313.00	1 121 249 660.00	5 714.00
其他应付款（合计）	16 326 179 386.00	6 603 771.00	13 610 374 155.00	7 945 411.00
应付利息	324 462 805.00		723 179 269.00	
应付股利	2 266 014.00		2 266 014.00	
其他应付款	15 999 450 567.00		12 884 928 872.00	7 945 411.00
一年内到期的非流动负债	17 763 739 166.00		18 830 557 820.00	
其他流动负债	3 397 762 622.00		8 990 833 333.00	
流动负债合计	213 794 008 785.00	6 917 084.00	241 614 197 499.00	7 951 125.00

2. 部分利润表项目，见表5-5

表5-5　　中国联通部分利润表项目　　单位：元

	2018年	2018年	2017年	2017年
报告期	年报	年报	年报	年报
报表类型	合并报表	母公司报表	合并报表	母公司报表
营业收入	290 876 776 866.00		274 828 946 271.00	
营业成本	213 585 637 513.00		206 976 717 931.00	
存货周转速度（次/年）	—	—	—	—
毛利率（作者计算）	26.57%	—	24.69%	—
核心利润（作者计算）	17 072 387 265.00	—	未计算	—

3. 部分现金流量表项目，见表5-6

表5-6　　中国联通部分现金流量表项目　　单位：元

	2018-12-31	2018-12-31	2017-12-31	2017-12-31
报告期	年报	年报	年报	年报
报表类型	合并报表	母公司报表	合并报表	母公司报表
经营活动产生的现金流量净额	94 829 725 347.00	32 159 186.00	91 335 372 029.00	−11 563 292.00

第2部分　企业营运资本管理的分析要点

大量教科书在讨论流动资产与流动负债关系的时候，特别喜欢直接计算流动比率（即流动资产除以流动负债），以得到企业流动资产对流动负债的保证程度高或者低的结论。甚至当企业的流动比率不高时，分析者往往会对企业的持续经营能力产生怀疑。

实际上，并不能简单地以流动比率为基础对企业营运资本管理与持续经营状况做出评价。

为了有效地对营运资本管理进行分析，我们需要考察企业的营运资本结构。

2.1　经营性营运资本与金融性营运资本

1. 经营性营运资本

我们可以将企业全部营运资本区分为经营性营运资本和金融性营运资本。

典型的经营性营运资本项目包括货币资金、应收票据、应收账款、预付款项、存货、应付票据、应付账款、预收款项、应付职工薪酬、应交税费、其他应付款等（实际上，货币资金既可以从事投资活动，也可以从事经营活动。一般倾向于将其归为经营性营运资本）。

2. 金融性营运资本

典型的金融性营运资本既包括各项直接投资和筹资项目，如交易性金融资产、衍生金融资产、其他流动资产中的投资性资产如各种理财、一年内到期的非流动资产、短期借款、一年内到期的非流动负债等，也包括包含了控制性投资内容的其他应收款和预付款项（如果这两个项目的合并报表数据小于母公司报表数据，则差额就是向子公司提供资金的基本规模，具有控制性投资性质）。

2.2 营运资本结构性运行规律

简单地用流动比率来评价企业的营运资本管理状况，是假设所有流动资产的变现价值是一样的，其功用也是一样的——负有偿还流动负债的责任，这实际上忽略了营运资本的结构性运行规律。营运资本的结构性运行规律的具体表现为：

第一，企业的经营性流动资产确实要对企业的经营性流动负债提供保障。其中，企业流动资产中的应收票据和应收账款在相当程度上可以对流动负债提供直接保障，但存货则往往以高于其账面价值来变现。这样，当企业的存货周转速度较快、毛利率较高的情况下，某一时点所表现的经营性流动资产的实际价值要远高于其账面价值。经营性流动负债中的预收款项包含了一定的毛利因素，企业实际偿还预收款项所用的资源只需要相关资产或者劳务的成本即可。

第二，企业持有投资性流动资产（包括交易性金融资产、衍生金融资产、其他流动资产中的投资性资产（如各种理财、一年内到期的非流动资产、包含了控制性投资内容的其他应收款和预付款项）的目的，或者是服务于企业的战略目标（如通过其他应收款等项目向子公司提供的资金），或者是企业利用暂时闲置资金进行短期投资以获得较高的收益。显然，上述不同目的的投资资产的运行轨迹与经营性流动资产完全不同：经营性流动资产是在与经营性流动负债的动态相互作用中实现企业的盈利目标；投资性资产则主要表现为投资性资产与货币资金的直接互动。

第三，流动负债中的短期借款一般应服务于企业的短期经营活动，也有可能服务于企业的长期投资活动。在短期借款服务于企业短期经营活动的情况下，短期借款的偿还取决于企业当前经营活动产生现金流量的能力或企业的融资能力；在短期借款服务于企业长期投资活动（如形成固定资产、无形资产、长期股权投资等）的情况下，对短期借款的偿还能力，或取决于相关贷款所形成的固定资产、无形资产的经营状况，或取决于相关贷款所形成投资的未来盈利状况，或取决于企业未来的融资能力。

企业流动负债中的一年内到期的非流动负债往往服务于企业长期投资活动（如形成固定资产、无形资产、长期股权投资等），因此，对这类负债的偿还能力，或取决于相关负债所形成的固定资产、无形资产的经营状况，或取决于相关负债所形成投资的未来盈利状况，或取决于企业未来的融资能力。

第四，企业流动负债中因整合企业子公司货币资金而引起的巨额其他应付款本身并不是需要向企业外部偿还的债务，而是整合集团资金、提高集团资金管理水平的重要表现。

2.3 营运资本管理分析的主要内容

2.3.1 考察营运资本结构

对母公司营运资本进行结构与特征分析，关注投资性流动资产与经营性流动资产在流动资产中的占比、关注金融性流动负债与经营性流动负债在流动负债中的占比。

2.3.2 分析企业集团的债务融资管理模式

分析母公司与子公司在债务融资管理上所采取的模式。分析方法我们已经在前面的案例分析中进行了介绍与运用。

2.3.3 分析企业集团的资金管理模式

分析母公司与子公司在资金管理上所采取的模式。分析方法我们已经在前面的案例分析中进行了介绍与运用。

2.3.4 分析企业短期债务融资的恰当性

对企业短期贷款管理进行分析，重点关注企业短期借款的必要性，分析其产生的内部和外部因素。

2.3.5 分析存货竞争力

以产品经营为主的企业，其利润的主要来源取决于存货的周转和毛利状况。因此，对企业营运资本管理与竞争力的分析，存货质量与竞争力的分析（即对其周转性和盈利性（毛利率）进行考察）是一个重要方面。

1. 存货周转速度与企业竞争力

（1）计算企业的存货周转率，比较企业年度间周转率的变化。即用当年的营业成本除以当年的平均存货原值（即不减除企业计提的存货减值准备前的原值）。

（2）与特定对象比较企业间存货周转率的差异。与特定对象的存货周转率进行比较，可以得到企业间存货周转率差异的直观印象。当然，影响企业间存货周转速度的原因很多（后面将具体讨论），还需要进行多方面的比较分析。

2. 存货盈利性（毛利率）的变化与竞争力

存货质量与竞争力的另一个表现是盈利性（毛利率）的变化。质量较高的存货，除了周转速度快外，还在市场上有较强的竞争力，保持较高的毛利率。

需要注意的是，影响企业存货周转率和盈利性（毛利率）变化的原因是多方面的。

第一，企业存货周转率和毛利率是受企业的营销策略、企业的发展战略直接制约的。如果企业采取高端定位的营销策略和发展战略，就可能在发展初期呈现出高毛利率、低周转率的情况。随着企业品牌影响力和竞争力的不断增强，可能会出现高毛利率和高周转率并存的状况。如果企业采取中低端定位、薄利多销的营销策略和发展战略，就可能在发展初期呈现出低毛利率、低周转率的情况。随着企业品牌影响力和竞争力的不断增强，可能会出现低毛利率和高周转率并存的状况，等等。

第二，企业存货周转率和毛利率是受企业的竞争地位所影响的。经过长期积累形成市场竞争主导地位的企业，往往在同类产品上有较大的市场话语权和品牌美誉度。处于这样地位的企业，其存货周转率和毛利率与同类企业相比一般会有显著的竞争优势。

第三，企业存货周转率和毛利率还受企业所处行业变化的影响。处于迅速发展、受国家或者地方产业政策支持行业中的企业，其存货周转率和毛利率可能均较高；而处于国家或者地方调整产业政策、发展被制约行业中的企业，其存货周转率和毛利率可能均较低。

第四，企业存货周转率和毛利率也与企业内部管理水平的变化有关。当企业在产品质量管理、存货管理、营销管理甚至售后服务等方面出现变化时，其存货周转率和毛利率可能会有显著变化。

第五，企业存货周转率和毛利率还受企业股权结构、公司治理、核心领导人变更等重大变化的影响。在企业出现股权结构、公司治理、核心领导人等重大变化的情况下，企业的发展战略、产品结构和市场定位、研发策略、人力资源政策以及上下游关系管理等方面均可能发生显著变化。这些变化都有可能引起企业存货周转率和毛利率的变化。

3. 存量存货的质量

按照会计准则的要求，企业应该在会计期末对存货进行减值测试。已经出现减值的存货应该按照减除减值因素后的净值列示在资产负债表上。而当期计提的减值损失，则计入利润表的“资产减值损失”栏目。

2.3.6 分析企业上下游关系管理与竞争力

1. 考察企业销售回款状况

我们认为，考察企业一定时期的销售回款状况比计算债权周转率有意义得多。考察企业一定时期的销售回款状况，可以按照下列方法进行：

（1）通过比较会计期末与期初应收票据、应收账款（原值）之和的规模变化，判断企业商业债权的回收状况。如果会计期末与期初应收票据、应收账款之和的规模几乎没有变化，则表明企业本期的赊销债权基本回收；如果会计期末与期初应收票据、应收账款之和的规模差异显著，期末债权规模有所增加，则增加的债权表明企业本期赊销债权尚有部分未回收；如果期末债权规模有所减少，则减少的债权表明在数量关系上企业本期赊销债权不但全部回收，还多回收了期初债权的一部分。

（2）通过比较会计期末与期初应收票据、应收账款（原值）结构的变化，判断企业商业债权的质量变化。由于应收票据可回收性更强，因此，在企业应收票据与应收账款规模一定的条件下，如果应收票据占比有所增加，则一般认为企业债权质量在提高。

（3）通过比较会计期末与期初预收款项的规模变化，判断企业预收款能力的变化状况。一般来说，企业期末预收款项规模增长意味着企业预收款能力在增强。当然，预收货款的销售政策的实施，除了与企业在市场中的竞争力、营销策略直接相关，还可能与核心管理层变更、绩效考核政策出现变化有密切联系。

2. 考察企业购货付款状况

多数情况下，企业期末存货是由货币资金、预付款项、应付票据与应付账款一起“推动”的。当企业处于加工制造业时，期末存货中的在产品和产成品均包含了不属于采购支付的人员工资、固定资产折旧等费用项目。为考察企业购货付款的基本格局，我们可以忽略期末存货中包含的上述这些非采购支付的费用项目。

因此，考察企业一定时期的销售回款状况，可以直接将企业期末存货、预付款项、应付票据与应付账款等项目进行比较。具体方法是：比较企业期末存货（不减除存货减值损失以前的原值）、预付款项、应付票据与应付账款之和的对应关系，可以直接判断企业购货付款方面的管理状况。如果企业期末存货多、预付款项多，而应付票据与应付账款之和远远小于存货与预付款项之和，则无论什么原因，一般意味着企业在存货及其采购环节中占用资金较多。

当然，直接对比企业期末存货、预付款项、应付票据与应付账款等项目之间的数据关系，仅仅可以判断企业期末的一种状况，并不能因此直接计算出企业在存货上多付出或者少付出的货币资金。企业在一定会计期间由于存货采购而多占用的资金或者节约的货币资金，还要结合企业期初存货、预付款项、应付票据与应付账款等项目之间的数据关系来判断。

3. 综合考察企业销售存货或开展业务所实现利润的现金获取能力

为综合考察企业在一定会计期间销售存货或开展业务所实现利润的现金获取能力，可以计算企业的核心利润获现率：

$$核心利润获现率=\frac{经营活动产生的现金流量净额}{当期核心利润}\times 100\%$$

核心利润＝毛利－税金及附加－期间费用（销售费用、管理费用、研发费用、利息费用）

毛利＝营业收入－营业成本

根据我们的经验，对于很多轻资产企业，其核心利润获现率处于120%～150%之间是较为理想的。当然，在同一个行业里，核心利润获现率越高，企业利润的质量就越高，企业市场竞争力就越强。

第3部分　案例评析

3.1　对东阿阿胶营运资本管理的分析

3.1.1　考察东阿阿胶母公司营运资本结构

对母公司营运资本进行结构与特征分析，主要应该关注投资性流动资产与经营性流动资产在流动资产中的占比、金融性流动负债与经营性流动负债在流动负债中的占比等。

1. 投资性流动资产

东阿阿胶母公司营运资本显示：在全部109.80亿元的流动资产中，典型的投资性流动资产如交易性金融资产等并没有出现。具有投资性流动资产色彩的主要是部分其他应收款和其他流动资产。其中，其他应收款所包含的投资资产是指母公司利用其他应收款的通道向子公司提供的资金（约9亿元），而根据经验判断，其他流动资产

（约 28 亿元）如果规模较高，极有可能包括了一部分具有投资色彩的理财项目。

需要说明的是，在这两项投资性流动资产中，具有战略内涵的项目是其他应收款中所包含的约 9 亿元投资资产。这些资产将对企业的发展战略形成支撑。而其他流动资产中所包含的理财内容则不具有战略含义，只是为了对闲置资金加以利用。

2. 经营性流动资产

从金额来看，在全部 109.80 亿元的流动资产中，典型的经营性流动资产如应收账款、应收票据、预付款项和存货等占据了主体地位。

此外，既可以作为经营用也可以作为投资用的货币资金为 20.71 亿元。

这就是说，从整个流动资产的结构来看，母公司的经营性流动资产占据主体地位。投资性流动资产占比并不高。这符合经营主导型企业的流动资产结构的特征。

3. 流动负债的结构特征

从母公司全部的流动负债来看，具有外部债务融资色彩的短期借款、一年内到期的非流动负债等干脆为零，说明母公司没有短期债务融资活动。

可能具有内部资金整合特征的其他应付款的母公司数据大于合并数据。这表明母公司对子公司的资金进行了一定程度的整合。

从整体来看，母公司的流动负债主要由典型的经营性流动负债如应付票据、应付账款、预收款项、应付职工薪酬等组成，符合经营主导型企业的流动负债结构的特征。

3.1.2　分析东阿阿胶企业集团的债务融资管理方式

我们已经在前面分析了东阿阿胶母公司与子公司在债务融资管理上所采取的方式。结论如下：

从母公司与合并数据的比较来看，企业长期借款项目、一年内到期的非流动负债项目和短期借款项目的规模均为零。说明母子公司均没有进行债务融资。

由于企业在期末没有任何的贷款发生，因此我们不能对企业的债务融资管理方式进行评价。

3.1.3　分析东阿阿胶企业集团的资金管理方式

我们已经在前面分析了东阿阿胶母公司与子公司在资金管理上所采取的方式。结论如下：

该公司在货币资金管理上基本采取了集权管理的方式：母公司拥有大量的货币

资金，子公司保有较少的货币资金，母公司对子公司的货币资金进行了集中整合。

3.1.4　分析东阿阿胶短期债务融资的恰当性

在本案例中，由于东阿阿胶没有进行贷款融资，因此不能通过数据进一步展开讨论。但是，东阿阿胶没有短期贷款的事实说明东阿阿胶没有不当融资行为发生。

3.1.5　分析存货竞争力

1. 东阿阿胶母公司存货周转速度与企业竞争力

虽然由于资料所限，我们不能按照存货原值计算存货周转率，但由于东阿阿胶利润表上的资产减值损失整体规模不大，东阿阿胶资产整体质量较高，用东阿阿胶对外披露的资产负债表上的数据计算存货周转率仍然可以反映东阿阿胶的存货周转状况。此外，受条件所限，我们也未能计算上年的存货周转率，因而使得比较年度间存货周转速度受到限制。尽管如此，我们仍可以对东阿阿胶存货的周转与竞争力作出评价。

数据显示，无论是母公司还是合并报表，其存货规模均呈现出下降的态势。虽然这不能直接说明企业存货周转速度上升了，但至少说明东阿阿胶强化了存货的存量管理。考虑到存货的毛利率呈现出上升的趋势，东阿阿胶的存货进入了一个存量降低、毛利率提高的良性发展阶段。

2. 东阿阿胶母公司毛利率变化与企业竞争力

数据显示，无论是母公司报表还是合并报表，其毛利率均呈现出上升的态势。毛利率的提高，从整体上反映了东阿阿胶的产品市场竞争力在提高。

3. 存货减值与存货质量

前面已经提及，尽管我们不能直接从报表本身获知企业期末存货的减值结构信息，但由于计入当期利润表的资产减值损失并不大，这意味着存货即使出现减值，也不会很大。同时应该看到，东阿阿胶的存货规模下降、毛利率在提高，这些均可以看作东阿阿胶存货资产质量较高的表现。因此，从整体上来说，东阿阿胶存货资产的质量是较高的。

3.1.6　分析东阿阿胶上下游关系管理与竞争力

为分析方便起见，我们把信息聚焦到各相关项目上。其中，资产负债表信息见表5-7。

表 5－7　　东阿阿胶部分资产负债表项目　　单位：元

	2018－12－31	2018－12－31	2017－12－31	2017－12－31
报告期	年报	年报	年报	年报
报表类型	合并报表	母公司报表	合并报表	母公司报表
应收票据及应收账款	2 406 837 522.62	2 409 748 423.03	1 056 558 417.87	967 029 245.34
应收票据	1 504 559 391.63	1 477 691 403.44	551 832 220.20	518 563 604.41
应收账款	902 278 130.99	932 057 019.59	504 726 197.67	448 465 640.93
预付款项	85 295 137.73	33 136 036.40	166 416 868.57	94 204 603.30
存货	3 366 887 212.23	2 808 072 870.35	3 606 927 462.32	2 864 070 995.91
应付票据及应付账款	476 662 694.36	436 905 985.56	860 325 716.95	848 898 191.79
应付票据	267 055 388.04		31 191 868.31	31 191 868.31
应付账款	209 607 306.32		829 133 848.64	817 706 323.48
预收款项	464 915 199.91	429 800 296.03	437 952 112.89	330 609 518.49

利润与现金流量信息见表 5－8。

表 5－8　　东阿阿胶部分利润表与现金流量表项目　　单位：元

	2018－12－31	2018－12－31
报告期	年报	年报
报表类型	合并报表	母公司报表
核心利润（1）（作者计算）	2 326 767 061.08	2 239 428 873.86
经营活动产生的现金流量净额（2）	1 009 049 053.07	845 879 678.29
核心利润获现率（3）=(2)/(1)＊100%	43.37%	37.77%

为简化起见，下面的分析以合并报表数据为基础进行。读者可以按照下面的方法对母公司数据进行相应分析。

1. 考察东阿阿胶的销售回款状况

（1）通过比较会计期末与期初合并报表应收票据、应收账款（原值）之和的数据差异，我们看到，东阿阿胶会计期末应收票据、应收账款之和约为 24.07 亿元，远高于期初应收票据、应收账款之和 10.57 亿元，表明东阿阿胶本期的赊销债权约有 13.5 亿元没有收回。

（2）通过比较会计期末与期初应收票据、应收账款结构的变化，我们发现，在新增加的 13.5 亿元的商业债权中，主要增加的是应收票据。因此，尽管东阿阿胶的债权增长较快，但从结构来看，其质量较高，可回收性较强。

（3）通过比较会计期末与期初预收款项的规模变化，我们看到，东阿阿胶期末预收款项规模有小幅度增长。这意味着东阿阿胶的预收款能力基本可以维持。

从整体上来说，东阿阿胶 2018 年毛利率提高、存货存量下降的动力可能来自放宽了赊销政策：正是由于东阿阿胶较为宽松的赊销政策，促进或刺激了东阿阿胶的销售增长。与此同时，东阿阿胶在结算方式上更多地采用商业汇票方式进行结算，企业债权质量保持在较高水平。

2. 考察东阿阿胶的购货付款状况

合并报表数据显示，东阿阿胶的期末存货下降了 2.4 亿元；预付款项下降了 0.81 亿元，几乎下降了一半；应付票据与应付账款之和下降了 3.83 亿元。这就是说，在预付款项管理取得成效的同时，随着存货的下降，相应债务下降得更多。这表明东阿阿胶的存货整体上对供应商欠账的能力在下降。

另外需要注意的是，从整体上来说，东阿阿胶的存货规模远远大于其应付票据与应付账款之和，而东阿阿胶的预付款项并不多。这就是说，存货所占用的资金绝大多数是东阿阿胶自己的货币资金。

总结一下：在销售回款方面，东阿阿胶的主旋律是债权增长过快；在购货付款方面，东阿阿胶对供应商的欠账能力也不乐观。这两个方面综合作用的结果，就是东阿阿胶的经营活动产生的现金流量净额不足。

3. 综合考察东阿阿胶销售存货或开展业务所实现利润的现金获取能力

为综合考察东阿阿胶在一定会计期间销售存货或开展业务所实现利润的现金获取能力，我们再看一下东阿阿胶的核心利润获现率数据。

数据显示：东阿阿胶 2018 年合并报表的核心利润获现率仅为 43.37%。造成这种情况的原因我们已经在前面分析了，应该说东阿阿胶在经营活动现金流量的管理方面还有很多可以改善的空间。

当然，对东阿阿胶经营活动现金流量状况的评价，还要结合东阿阿胶所处行业的普遍做法、公司产品经营周期的特点以及公司在特定时期的营销策略等因素综合分析。

3.2 对中国联通营运资本管理的分析

3.2.1 考察中国联通母公司营运资本结构

中国联通母公司 2018 年的报表显示：在全部 11.98 亿元的流动资产中，有 9.2 亿元的其他应收款，且全部为应收利息和应收股利；另有微不足道的其他流动资产；最后就是货币资金 2.67 亿元。

这个结构好像颠覆了我们前面的分析框架：流动资产中既没有典型的经营资产，也没有具有战略意义的投资性资产。

流动负债怎么样呢？母公司流动负债只有几百万元，包括应交税费和其他应付款。同样既不属于典型的经营性负债，也不属于债务融资项目。

实际上，其他应收款的结构具有重要意义：其他应收款的主体是应收股利，且有较大规模。这说明，中国联通母公司基本上不从事一般的经营活动，而主要从事投资管理活动。

3.2.2　分析中国联通企业集团的债务融资管理方式

我们已经在前面分析了中国联通母公司与子公司在债务融资管理上所采取的方式。结论如下：

在债务融资管理体制上，中国联通采取了彻底的分权管理方式。各类债务融资均由子公司自主进行。

3.2.3　分析中国联通企业集团的资金管理方式

我们已经在前面分析了中国联通母公司与子公司在资金管理上所采取的方式。结论如下：

中国联通在货币资金管理上采取了分权管理的方式，子公司拥有大量的货币资金，母公司没有对子公司货币资金进行集中整合，也没有通过其他应收款或预付款项通道向子公司提供资金。

3.2.4　分析中国联通短期债务融资的恰当性

在本案例中，由于母公司没有进行贷款融资，因此不能通过数据进一步展开讨论。但是，中国联通没有短期贷款的事实说明中国联通没有不当融资行为发生。

就合并报表来看，中国联通年末的货币资金存量为 337.83 亿元。但是，中国联通的短期借款有 151.32 亿元。虽然我们在没有获得中国联通货币资金结构和短期借款结构以及借款原因的条件下，难以对中国联通债务融资的恰当性进行评价，但由于中国联通的母公司自身并没有对子公司的货币资金进行整合，因此客观上存在着有的子公司资金闲置、有的子公司举借债务的可能。

3.2.5　分析中国联通业务的竞争力

由于中国联通的主要业务不是传统意义上的产品销售，在主体上是提供各种服务，因此，不宜对中国联通按照产品经营型企业的分析方法进行分析。

下面我们以合并报表为基础，从毛利率方面对中国联通营运资本管理与业务的竞争力进行分析。

数据显示，中国联通合并报表的营业收入在增长，毛利率呈现出上升的态势。毛利率的提高，从整体上反映了中国联通产品的市场竞争力在提高。

3.2.6 分析中国联通上下游关系管理与竞争力

为分析方便起见，我们把信息聚焦到各相关项目上，其中，资产负债表信息见表5-9。

表5-9　中国联通部分资产负债表项目　单位：元

	2018-12-31	2018-12-31	2017-12-31	2017-12-31
报告期	年报	年报	年报	年报
报表类型	合并报表	母公司报表	合并报表	母公司报表
流动资产：				
应收票据及应收账款	18 206 026 524.00		18 612 629 753.00	
应收票据	363 323 541.00		103 468 782.00	
应收账款	17 842 702 983.00		18 509 160 971.00	
预付款项	4 030 653 660.00		3 773 931 982.00	
存货	2 388 327 329.00		2 238 565 451.00	
流动负债：				
应付票据及应付账款	108 702 531 748.00		118 909 887 525.00	
应付票据	99 657 098.00		48 763 558.00	
应付账款	108 602 874 650.00		118 861 123 967.00	
预收款项	328 100 718.00		49 896 910 698.00	
合同负债	42 968 208 117.00			

利润与现金流量信息见表5-10。

表5-10　中国联通部分利润表与现金流量表项目　单位：元

	2018-12-31	2018-12-31
报告期	年报	年报
报表类型	合并报表	母公司报表
核心利润（1）（作者计算）	17 072 387 265.00	未计算
经营活动产生的现金流量净额（2）	94 829 725 347.00	32 159 186.00
核心利润获现率（3）=(2)/(1)*100%	555.46%	未计算

由于中国联通的经营活动全部集中在子公司，所以我们下面的分析以合并报表数据为基础进行。母公司的核心利润等数据已经失去意义。

1. 考察中国联通的销售回款状况

（1）通过比较会计期末与期初合并报表应收票据、应收账款之和的数据差异，我们看到，中国联通会计期末应收票据、应收账款之和约为 182 亿元，比期初应收票据、应收账款之和 186 亿元要低，在数量关系上表明企业本期的赊销债权回收状况很好。

（2）通过比较会计期末与期初应收票据、应收账款结构的变化，我们发现，在应收票据、应收账款之和降低的同时，应收票据有所增加，这意味着应收账款减少更多。因此，总体上看，中国联通的债权质量较高，可回收性较强。

（3）通过比较会计期末与期初预收款项的规模变化（期初属于预收款项的内容，在期末归入了合同负债。我们在分析时继续将其合并称为预收款项），我们看到，中国联通期末预收款项约为 433 亿元（3.3＋429.7），在规模上小于年初的 499 亿元。这可能意味着中国联通预收款销售业务的调整。

虽然中国联通的预收款规模在下降，但其强化了对商业债权的回收，因此，从整体上看，中国联通的回款处于良好的态势。

这就是说，中国联通 2018 年加强了商业债权回收，略微放缓了预收款销售的步伐，但整体上维持了较好的销售回款状态。

2. 考察中国联通的购货付款状况

合并报表数据显示，中国联通的期末存货增加了 1.5 亿元，预付款项增加了 2.6 亿元；应付票据与应付账款之和下降了 10.2 亿元。这就是说，在中国联通主体业务增长的条件下，上述基本稳定的对应关系表明中国联通在整体上对供应商欠账保持在较高水平。

总结一下：在销售回款方面，中国联通的主旋律是债权回收在强化，且成效显著；在购货付款方面，中国联通对供应商的欠账能力保持在较高水平。这两个方面综合作用的结果，就是中国联通的经营活动产生的现金流量净额较为充足。

3. 综合考察中国联通销售存货或开展业务所实现利润的现金获取能力

为综合考察中国联通在一定会计期间开展业务所实现利润的现金获取能力，我们再看一下企业的核心利润获现率数据。

数据显示：中国联通 2018 年合并报表的核心利润获现率高达 555.46%。这佐证了我们前面的分析：中国联通在经营活动现金流量的管理方面是非常出色的。

同样，对中国联通经营活动现金流量状况的评价，还要结合企业所处行业的普遍做法和竞争环境、公司产品的结构特点以及公司在特定时期的营销策略等因素综合加以分析。

名师案例：营运资本管理分析专题

1. 营运资本的发展历程与概述
2. 从营运资本的结构判断企业战略类型：海信电器（经营主导型）
3. 不可小觑的其他应收款、其他应付款分析案例：青岛海尔
4. 上下游关系管理的神来之笔：格力电器

专题6 经营非流动资产管理分析
——东阿阿胶

第1部分 案例资料

东阿阿胶的相关信息见附录2和专题2中的案例资料。

为聚焦本案例分析，我们摘录部分信息如下：

1. 部分资产负债表项目，见表6-1

表6-1 东阿阿胶部分资产负债表项目 单位：元

	2018-12-31	2018-12-31	2017-12-31	2017-12-31
报告期	年报	年报	年报	年报
报表类型	合并报表	母公司报表	合并报表	母公司报表
流动资产：				
货币资金	2 135 939 927.81	2 071 006 342.15	1 725 322 019.94	1 688 480 845.80
应收票据及应收账款	2 406 837 522.62	2 409 748 423.03	1 056 558 417.87	967 029 245.34
应收票据	1 504 559 391.63	1 477 691 403.44	551 832 220.20	518 563 604.41
应收账款	902 278 130.99	932 057 019.59	504 726 197.67	448 465 640.93
存货	3 366 887 212.23	2 808 072 870.35	3 606 927 462.32	2 864 070 995.91
流动资产合计	10 768 120 952.47	10 979 745 429.23	9 640 338 690.93	9 644 902 011.47
非流动资产：				
固定资产（合计）	1 734 048 074.38	1 370 333 477.84	1 709 647 098.36	1 317 731 879.52
固定资产	1 734 048 074.38		1 709 647 098.36	1 317 731 879.52

续前表

	2018-12-31	2018-12-31	2017-12-31	2017-12-31
报告期	年报	年报	年报	年报
报表类型	合并报表	母公司报表	合并报表	母公司报表
在建工程（合计）	255 414 155.25	223 559 781.37	217 359 369.81	197 906 527.82
在建工程	255 414 155.25		217 359 369.81	197 906 527.82
生产性生物资产	41 318 604.63	4 670 092.32	13 517 408.94	4 755 281.34
无形资产	421 269 682.77	372 343 910.02	328 835 858.34	273 682 618.62
开发支出	8 393 093.27	8 393 093.27	5 499 830.81	5 499 830.81
资产总计	13 869 959 247.35	13 893 180 717.46	12 376 029 971.71	12 254 212 203.10

2. 部分利润表及其附注信息，见表 6-2

表 6-2　东阿阿胶部分利润表及其附注信息　单位：元

	2018年	2018年	2017年	2017年
报告期	年报	年报	年报	年报
报表类型	合并报表	母公司报表	合并报表	母公司报表
营业收入	7 338 316 223.18	5 977 070 125.10	7 372 340 332.18	6 067 309 470.12
营业成本	2 495 745 781.74	1 521 761 031.90	2 576 956 362.64	1 685 732 354.40
毛利（作者计算）	4 842 570 441.44	未计算	4 795 383 969.54	未计算
毛利率（作者计算）	65.99%	未计算	65.05%	未计算
资产减值损失	74 430 570.39	52 666 136.63	34 852 237.06	10 159 408.43
其中（来自报表附注）：坏账损失	68 738 466.98		33 608 357.77	
存货跌价损失	5 692 103.41			

3. 固定资产原值变化部分信息，见表 6-3

表 6-3　东阿阿胶固定资产原值变化部分信息　单位：元

	房屋及建筑物	机器设备	运输工具	其他设备	合计
年初余额	1 715 018 175.87	406 439 712.94	32 624 687.20	54 238 726.47	2 208 321 302.48
购置	3 713 121.83	64 269 332.39	292 097.79	2 509 667.81	70 784 219.82
在建工程转入	172 463 122.51	6 014 590.19	—	605 895.97	179 083 608.67
因处置子公司而转出	—	(53 470 498.18)	—	(52 862.40)	(53 523 360.58)

续前表

	房屋及建筑物	机器设备	运输工具	其他设备	合计
处置或报废	(1 419 200.93)	(26 844 386.25)	(13 255 775.19)	(7 308 489.22)	(48 827 851.59)
固定资产转为投资性房地产	(119 613 527.17)	—	—	—	(119 613 527.17)
年末余额	1 770 161 692.11	396 408 751.09	19 661 009.80	49 992 938.63	2 236 224 391.63

4. 无形资产变化信息，见表 6－4

表 6－4　　东阿阿胶无形资产变化信息　　单位：元

	土地使用权	专利技术	非专利技术	软件	合计
年初余额	344 684 406.65	2 238 120.00	27 240 866.48	77 041 975.51	451 205 368.64
购置	—	—	205 000.00	216 425.14	421 425.14
在建工程转入	95 091 118.50	—	—	16 741 599.93	111 832 718.43
因处置子公司而转出	—	—	(25 440 866.48)	(289 618.87)	(25 730 485.35)
处置或报废	—	—	—	(7 037 887.48)	(7 037 887.48)
年末余额	439 775 525.15	2 238 120.00	2 005 000.00	86 672 494.23	530 691 139.38

第 2 部分　企业经营非流动资产管理的分析要点

对于大量以产品经营为主的企业而言，经营性非流动资产主要包括固定资产、在建工程和无形资产等。由于在建工程项目的设立一般与企业战略相关，且从建设到转为固定资产所需要的时间往往较长，因此，在建工程转为固定资产前期的问题难以通过财务数据来分析。

因此，我们在分析中应重点关注固定资产和无形资产的管理与竞争力问题。

2.1　固定资产管理与竞争力

对于固定资产管理与竞争力的分析，我们从这样三个方面来进行。

1. 固定资产原值周转率

固定资产原值周转率的计算公式为：

$$固定资产周转率=\frac{营业收入}{平均固定资产原值}$$

固定资产原值周转率代表了企业在一定时期推动企业营业收入的状况。在企业的产品或者劳务有毛利的情况下，固定资产原值周转率越高，企业的盈利能力就越强。

那么，固定资产周转率下降意味着什么？

简单地说，企业固定资产周转率衡量的是企业固定资产推动营业收入的能力。固定资产原值周转率较高，意味着企业的固定资产能够推动符合市场需要的产品或者劳务的能力较强；而固定资产原值周转率较低，则意味着企业的固定资产推动符合市场需要的产品或者劳务的能力较弱，这或者意味着企业新增固定资产的结构、规模与市场的关联度较小（根本原因可能是固定资产购建的决策失误），或者意味着企业管理者不能对新增固定资产进行有效管理和使用。

当然，某一年度的数据还不足以对企业固定资产管理与竞争力做出准确评价。例如，企业固定资产周转率下降，可能的原因是新增固定资产转入使用的时间是在第四季度或者年底，还没有真正发挥对市场的贡献力。因此，对该企业新增固定资产管理与竞争力的分析，还需要持续观察。

如果企业固定资产的持续增加不能为企业对市场扩大做出贡献，则新增固定资产就是不良资产。这种账面原值的增加，只能恶化企业固定资产周转率和总资产周转率。

2. 固定资产结构的变化与企业未来发展

在各个会计期间内，企业往往会发生固定资产的结构变化。固定资产的结构变化一般是由企业未来的业务发展规划引起的，因此，固定资产的结构变化对企业的未来发展至关重要。一般来说，固定资产规模增加、结构优化应该引起企业未来产品或者业务的市场竞争力的增强。这种竞争力的增强，或者表现为企业固定资产周转率的提高，或者表现为企业综合毛利率的提高。

3. 固定资产减值准备的战略含义

企业在会计期末应该对其固定资产进行减值测试，并对已经出现减值的固定资产进行会计处理，将本会计期间新出现的资产减值计入资产减值损失，冲减当期利润。

实际上，企业固定资产减值的出现具有更重要的战略含义：出现减值的固定资产并不一定在物理质量上出现恶化的迹象，而是相关固定资产不太可能在未来按照企业发展战略的要求对企业未来的产品或业务的市场经营做出企业期望的贡献。这就是说，进行减值处理的固定资产在未来难以对企业的发展战略形成支撑。

2.2 无形资产管理与竞争力

对于无形资产管理与竞争力的分析，我们从以下两个方面进行。

1. 无形资产规模、结构与企业战略和业务结构的吻合度

从概念来说，无形资产是没有一定的实物形态、但可以为企业长期经济利益流入做出贡献的资产项目，包括商标权、专有技术、特许经营权、土地使用权等。

由于无形资产没有一定的实物形态、对企业的受益期难以确定以及受偶发因素影响而可能迅速减值等特性，在会计上对研究与开发支出采取稳健原则处理，因而企业资产负债表上所列示的无形资产多为从外部购入或者研发转入的部分，而企业自创的无形资产中研究与开发支出的大部分直接计入相关费用支出当期的利润表（研发费用）。

对无形资产的考察，应该重点关注企业现有无形资产的规模、结构与企业战略和业务结构的吻合度。

从企业发展的角度来看，只有与企业战略、业务结构相关联的无形资产才可能为企业的发展做出贡献。

2. 无形资产减值与企业的业务前景

在各个会计期末，如果企业的无形资产在被减值测试后出现减值，就要进行会计处理。会计处理的结果，既会影响企业当期盈利形象的展示，也有企业无形资产管理与竞争力方面的含义。

第 3 部分 案例评析

3.1 东阿阿胶固定资产的管理与竞争力

从我们所摘录的部分财务信息来看，由于东阿阿胶的合并报表与母公司报表的基本结构和发展方向是一致的，且东阿阿胶并没有披露母公司的财务报表附注。因此，下面的分析主要以合并报表数据为基础来进行。

1. 固定资产原值周转率与产品竞争力

在很多情况下，对于企业财务状况的发展变化的分析与判断不一定要进行精准的数据计算。以东阿阿胶的财务数据为基础，我们发现东阿阿胶 2018 年实现的营业收入略低于 2017 年，东阿阿胶的毛利额与毛利率均在提高。

东阿阿胶 2018 年的固定资产有了较大的结构性变化：东阿阿胶通过购置、在建工程转入、处置子公司、处置或者报废以及将固定资产转为投资性房地产等方式使得固定资产在年内得到较大优化，且年末的固定资产原值比年初有所增加。

从周转率来看，由于固定资产原值增加，营业收入下降，感觉新增加的固定资产并没有推动更多的营业收入。这是固定资产周转率下降的迹象。但由于我们没有东阿阿胶固定资产变化的具体时间信息，所以无从判断东阿阿胶期末存续下来的固定资产在年度间投入使用的状况。

但是，东阿阿胶的毛利额和毛利率均在提高，这一点则说明东阿阿胶的产品的市场竞争力在提高。这意味着新增加的固定资产可能增强了企业的产品竞争力。

2. 固定资产结构的变化与企业未来发展

2018 年度固定资产结构变化的主体是新增加的固定资产主要由购置和在建工程转入。购置和在建工程转入的固定资产原值超过了期末股东资产原值的 10%。固定资产原值的其他变化是处置和转移。显然，这样的结构调整应该是符合企业未来的发展战略的。

前面已经讨论过，2018 年度的财务数据表明东阿阿胶的产品的市场竞争力在提高。如果这种态势持续下去，则意味着东阿阿胶在 2018 年内进行的固定资产结构调整是成功的。

3. 固定资产减值准备的战略含义

东阿阿胶的资产减值信息显示：非流动资产没有出现减值。这意味着，至少从 2018 年年底的状况判断，东阿阿胶的固定资产整体质量良好。这种质量良好的固定资产对东阿阿胶未来的发展将形成强有力的战略支撑。

3.2 东阿阿胶无形资产的管理与竞争力

1. 无形资产规模、结构与企业战略和业务结构的吻合度

2018 年度无形资产的增加除了少量购置，主要以在建工程转入为主。新增加

的无形资产在期末无形资产中的占比较高。

与前面的固定资产分析相类似，这种无形资产的结构变化一定是符合其未来发展战略的：土地使用权的增加以及软件规模的加大，为东阿阿胶未来的发展将提供软件和发展空间的战略支撑。

2. 无形资产减值与企业的业务前景

与前面的固定资产分析相类似，资产减值信息显示：非流动资产没有出现减值。这意味着，至少从 2018 年年底的状况判断，东阿阿胶的无形资产整体质量良好。这种质量良好的无形资产符合企业未来发展战略的要求，并对未来的发展形成强有力的战略支撑。

名师案例：非流动资产管理分析专题

专题 7　利润表分析

——东阿阿胶

第 1 部分　案例资料

东阿阿胶的相关信息见附录 2 和专题 2 中的案例资料。

为聚焦本案例分析，我们摘录部分信息如下：

1. 部分利润表与现金流量表项目

（1）利润表部分信息见表 7－1。

表 7－1　　东阿阿胶部分利润表项目　　单位：元

	2018 年	2018 年	2017 年	2017 年
报告期	年报	年报	年报	年报
报表类型	合并报表	母公司报表	合并报表	母公司报表
一、营业收入	7 338 316 223.18	5 977 070 125.10	7 372 340 332.18	6 067 309 470.12
二、营业成本	2 495 745 781.74	1 521 761 031.90	2 576 956 362.64	1 685 732 354.40
三、毛利*	4 842 570 441.44	未计算	4 795 383 969.54	未计算
毛利率*	65.54%	未计算	65.05%	未计算
税金及附加	120 747 058.05	109 823 372.70	91 910 167.61	80 761 573.39
销售费用	1 776 075 144.25	1 540 261 028.66	1 805 174 804.09	1 513 416 638.06
销售费用率*	24.20%	未计算	24.49%	未计算
管理费用	362 514 423.06	313 521 990.97	578 074 229.92	535 416 771.23
管理费用率*	4.94%	未计算	7.84%	未计算
研发费用	240 803 070.08	238 677 401.00	—	—

续前表

	2018年	2018年	2017年	2017年
报告期	年报	年报	年报	年报
报表类型	合并报表	母公司报表	合并报表	母公司报表
研发费用率*	3.28%	未计算	—	未计算
财务费用	15 663 684.47	13 596 426.01	11 785 622.24	10 429 691.29
其中：利息费用	31 682 294.10	31 682 294.10		
利息收入	18 699 922.61	18 295 863.38		
四、核心利润*	2 326 767 061.08	2 239 428 873.86	2 308 439 145.68	
核心利润率*	31.71%	未计算	31.31%	未计算
资产减值损失	74 430 570.39	52 666 136.63	34 852 237.06	10 159 408.43
加：其他收益	27 052 357.60	21 424 551.66	16 651 324.26	11 248 388.37
投资净收益	165 421 048.10	233 103 811.26	119 644 760.22	218 366 947.98
资产处置收益	−4 246 181.57	−3 889 716.61	−184 905.69	7 586 982.10
五、营业利润	2 440 563 715.27	2 437 401 383.54	2 409 698 087.41	2 468 595 351.77
加：营业外收入	10 755 058.97	8 522 294.17	3 543 183.65	3 009 723.19
减：营业外支出	7 452 123.97	1 332 117.66	5 099 143.40	2 903 484.00
六、利润总额				
减：所得税	2 443 866 650.27	2 444 591 560.05	2 408 142 127.66	2 468 701 590.96
七、净利润	357 260 889.18	333 393 944.27	364 147 325.09	345 095 603.34

注：* 的项目是作者自己计算的，下同。

（2）核心利润与现金流量信息见表7-2。

表7-2　　东阿阿胶核心利润与现金流量信息　　单位：元

	2018-12-31	2018-12-31
报告期	年报	年报
报表类型	合并报表	母公司报表
核心利润*（1）	2 326 767 061.08	2 239 428 873.86
经营活动产生的现金流量净额（2）	1 009 049 053.07	845 879 678.29
核心利润获现率（3）=(2)/(1)*100%	43.37%	37.77%

2. 合并利润表相关项目的明细信息

（1）营业收入见表 7－3。

表 7－3　　东阿阿胶营业收入项目　　单位：元

项目	2018 年		2017 年	
	收入	成本	收入	成本
主营业务	7 320 064 369.37	2 486 274 372.36	7 344 922 699.12	2 568 709 714.28
其他业务	18 251 853.81	9 471 409.38	27 417 633.06	8 246 648.36
合计	7 338 316 223.18	2 495 745 781.74	7 372 340 332.18	2 576 956 362.64

营业收入具体构成见表 7－4。

表 7－4　　东阿阿胶营业收入具体构成项目　　单位：元

项目	2018 年	2017 年
主营业务收入	7 320 064 369.37	7 344 922 699.12
其中：医药工业	6 388 675 472.14	6 417 581 259.15
医药商业	56 719 829.18	136 311 855.10
其他	874 669 068.05	791 029 584.87
其他业务收入	18 251 853.81	27 417 633.06
合计	7 338 316 223.18	7 372 340 332.18

（2）销售费用明细见表 7－5。

表 7－5　　东阿阿胶销售费用明细项目　　单位：元

项目	2018 年	2017 年
市场推广费	779 057 781.86	860 659 583.14
广告费	468 689 249.51	513 603 323.72
职工薪酬	306 441 854.93	227 351 040.11
运输费	30 027 821.84	39 945 541.89
差旅费	49 195 998.14	39 278 677.40
租赁费	36 432 946.86	31 508 049.19
电商费用	21 908 190.51	20 509 139.79
办公费	25 981 030.25	17 460 073.93
专业机构费	19 327 868.09	14 167 167.39
折旧费	9 013 709.01	8 147 523.32

续前表

项目	2018年	2017年
会议费	9 722 379.47	6 939 887.53
长期待摊费用摊销	3 015 602.33	3 011 815.76
其他	17 260 711.45	22 592 980.92
合计	1 776 075 144.25	1 805 174 804.09

（3）管理费用明细（不含研发费用）见表7-6。

表7-6　东阿阿胶管理费用明细项目　单位：元

项目	2018年	2017年
职工薪酬	151 485 950.07	120 303 124.29
中长期激励基金	51 000 000.00	102 000 000:00
办公费	33 800 124.65	32 771 457.03
折旧及摊销费用	40 242 646.14	28 759 788.67
中介审计及咨询费	20 514 637.79	21 876 781.54
修理费	8 928 851.30	13 044 571.99
差旅费	10 249 141.02	12 303 730.00
保险费	1 045 363.73	1 085 863.17
其他	45 247 708.36	20 421 156.30
合计	362 514 423.06	352 566 472.99

（4）研发费用明细见表7-7。

表7-7　东阿阿胶研发费用明细项目　单位：元

项目	2018年	2017年
员工成本	59 575 322.01	47 721 164.62
直接投入	87 735 969.33	59 738 327.69
折旧费用	10 047 739.79	14 495 537.69
摊销费用	5 931 226.32	5 696 615.20
委托外部研究开发费用	68 102 321.04	89 098 074.73
其他费用	9 410 491.59	8 758 037.00
合计	240 803 070.08	225 507 756.93

（5）资产减值损失明细见表 7 - 8。

表 7 - 8　东阿阿胶资产减值损失明细项目　单位：元

项目	2018 年	2017 年
坏账损失	68 738 466.98	33 608 357.77
存货跌价损失	5 692 103.41	1 243 879.29
合计	74 430 570.39	34 852 237.06

（6）投资收益明细见表 7 - 9。

表 7 - 9　东阿阿胶投资收益明细项目　单位：元

项目	2018 年	2017 年
权益法核算的长期股权投资收益	2 814 121.68	34 273 050.13
可供出售金融资产在持有期间取得的投资收益	445 748.69	2 378 078.39
处置可供出售金融资产取得的投资收益	—	6 461 515.74
丧失控制权后剩余股权按公允价值重新计量的利得	62 269 887.78	—
理财产品利息收入	99 795 318.67	76 532 115.96
其他	95 971.28	—
合计	165 421 048.10	119 644 760.22

第 2 部分　利润表的分析要点

2.1　母公司利润表与合并利润表中的利润结构

2.1.1　母公司利润表的利润结构

1. 经营主导型企业的利润结构

在经营主导型企业的经营活动正常的情况下，其净利润的构成应以核心利润为主。企业对外非控制性投资和其他投资产生的直接回报将体现在投资收益上，而这种投资收益通常不会占利润总额过大规模。企业的对外控制性投资（主要指子公司）如果有现金股利的发放，也将表现为企业的投资收益。如果企业的经营活动符合政府在特定时期的扶持政策，获取的政府补贴可以计入其他收益，体现在营业利润中。当然，处置非流动资产的收益也会增加企业的营业利润（下同）。

2. 投资主导型企业的利润结构

我们在这里所指的投资主导型企业是指对外控制性投资和其他投资占主导、企业的日常经营活动占用资产较少、业务规模较小的企业。投资主导型企业的净利润构成应以投资收益为主。

由于投资主导型企业经营活动产生的营业收入较低或者根本没有营业收入，而企业又必然发生管理费用，因此，投资主导型企业的核心利润往往较低，或者为负数。

企业对外非控制性投资和其他投资产生的直接回报将体现在投资收益上。这种投资收益占利润总额的比重取决于企业这类投资的规模和效益。企业的对外控制性投资（主要指子公司）如果有现金股利的发放，也将体现为企业的投资收益。在企业对外控制性投资为主的情况下，子公司的现金股利政策将直接影响企业（指母公司）的投资收益和营业利润规模。

3. 经营与投资并重型企业的利润结构

经营与投资并重型企业的净利润规模来源于两大支柱：一是企业的核心利润，二是企业各类对外投资所带来的投资收益。此外，还可能由于企业的经营活动符合政府在特定时期的扶持政策而获得政府补贴，从而增加其他收益。

2.1.2 合并利润表的利润结构

对于合并利润表而言，由于子公司一定从事某类经营活动，因此，合并资产负债表通常是经营主导型。与此相对应，合并利润表的利润结构应类似于经营主导型企业。

2.2 利润表主要项目的质量分析

2.2.1 收入类项目

1. 产品或者劳务结构的战略内涵

对于以某种产品的生产、销售或者劳务提供为主要经营范围的企业而言，不管企业战略的文字表达如何，其所生产和销售的产品、提供的劳务结构都应该能反映企业的发展战略。

2. 市场结构的战略内涵

这里的市场结构，指的是企业产品或劳务的地域结构或者顾客结构。

受人文传统、品牌偏好、政治经济环境等因素的影响，企业在不同地区的竞争地位、市场份额以及发展变化的方向可能存在显著差异。不同的市场结构对企业的发展形成了含义不同的战略支撑。

2.2.2 主要费用类项目

1. 营业成本

由于企业年度间营业收入的规模不同，所以直接比较年度间营业成本规模的意义不大。为了考察营业成本的战略内涵，应该结合毛利和毛利率在年度间的变化情况进行分析。

2. 销售费用

销售费用信息所包含的战略内涵，可以从销售费用的结构及其变化来考察。如果年度间销售费用出现较大幅度的下降，则或者意味着企业的业务在萎缩，或者意味着企业的业务关系发生了变化（如以前是对外销售，现在转为对内部关联方销售），或者意味着企业的营销策略发生了变化等。如果年度间销售费用出现较大幅度的上升，则或者意味着企业的业务规模得到了较大提升，或者意味着企业的业务结构发生了变化（如新增业务对营销资源有更多需求），或者意味着企业的营销模式发生了变化（如企业网络营销平台的建设等）等。

3. 管理费用

管理费用信息所包含的战略内涵，可以从管理费用的结构及其变化来考察。

按照 2018 年度利润表的结构，企业在管理费用中不再列示研究与开发支出，而将其单独列示为研发费用。

这样，在管理费用的构成中，主要有两个项目：高管薪酬和管理机构或管理部门的固定资产折旧、无形资产摊销以及办公费。这两个项目的规模及其年度间的变化具有很重要的战略内涵。

（1）高管薪酬。

在企业的管理费用中，高级管理人员的薪酬结构、薪酬规模在相当程度上体现了企业的人力资源政策。比较不同企业管理费用中高管薪酬的规模及其在企业管理费用中的占比，可以体会不同企业的人力资源战略信息。通用电气前CEO杰克·韦尔奇曾说过，企业员工薪酬最高的时候是企业成本最低的时候。这句话耐人寻味，有着很高的管理艺术。

（2）管理机构或管理部门的固定资产折旧、无形资产摊销以及办公费。

从数量来看，企业管理机构或管理部门的固定资产折旧和无形资产摊销费既取决于企业管理部门或管理机构所拥有的固定资产原值与无形资产原值规模，也取决于企业的固定资产折旧政策和无形资产摊销政策。但从根本上说，企业管理机构或管理部门的固定资产折旧和无形资产摊销费取决于企业在管理机构或管理部门技术装备水平方面的投入与管理定位。

这就是说，管理机构或管理部门的固定资产折旧、无形资产摊销以及办公费所能体现的，更多的是由企业管理风格和管理理念决定的在管理手段、管理工具、管理条件等方面的决策结果。

4. 研发费用

对于有技术含量的企业而言，研究与开发支出的规模是保持企业技术先进性的必要手段。研究与开发支出在年度间的变化及其在管理费用中的占比，可以在相当程度上反映企业对研发本身的认识、对研发成果的获得途径及企业在技术上的定位，因此体现了企业发展战略方面的信息。

5. 利息费用

按照2018年度利润表的结构，企业在财务费用中除了列示其规模外，还将分别列示利息费用和利息收入。一般来说，财务费用水平反映了企业财务部门的融资能力和融资效应。

6. 资产减值损失

一般来说，资产减值损失不应该对企业的利润形成较大的影响。从管理的视角来看，资产减值的区域意味着相应资产的管理质量下降，或者相应资产的投资决策出现了偏差。因此，会计上确认资产减值损失的区域是值得关注和需要提高管理质量的。

当然，企业也有可能利用资产减值的会计处理进行盈余管理，以达到企业管理层预期的利润安排目的。例如，在本来已经出现资产减值但企业缺乏利润的年份，企业采用故意压低计提资产减值准备的办法，以维持企业的基本财务形象。直到持续性的减值损失累积至一定程度时，再通过一次性大规模确认资产减值损失的方式予以集中处理。这种资产减值损失的集中爆发实际上是企业在相当长的时间累积下来的后果。

7. 信用减值损失

按照 2018 年度利润表的结构，企业应单独披露信用减值损失。

按照会计准则的规定，企业应当在资产负债表日计算金融工具（或金融工具组合）的预期信用损失。如果该预期信用损失大于该工具（或组合）当前减值准备的账面金额，企业应当将其差额确认为信用减值损失。因此，信用减值损失属于企业发生在金融工具（或金融工具组合）上的预期损失。

2.3 关注企业利润结构的异常

1. 经营主导型企业的利润结构异常

经营主导型企业的利润结构异常，是指在其净利润的构成中，本应占据主导地位的核心利润并没有表现出主导性，而其利润的支撑主要由其他收益、公允价值变动收益、投资收益、资产处置收益甚至营业外收入等项目来完成；或者虽然维持了核心利润数额的主导性，但其数额的年度间变化与一般的常识不相符，比如有的企业靠本年度比上年度费用的普遍下降来实现核心利润的提高。

这种情况的出现，一般表明企业在报告期内的主营业务在市场上出现了较大变故：企业的市场竞争力下降；企业没有能够对产品经营出现的问题进行有效解决；企业在应该进行战略转型的时候没有进行战略转型，从而失去了发展机会。

2. 投资主导型企业的利润结构异常

投资主导型企业的利润结构异常，是指在其净利润的构成中，本应占据主导地位的投资收益并没有表现出主导性，而其利润的支撑主要由核心利润、其他收益、公允价值变动收益、资产处置收益甚至营业外收入等项目来完成。

这种情况的出现，一般表明企业在报告期内的整体投资质量出现了问题：企业的控制性投资企业（子公司）的盈利能力下降；子公司累计未分配利润不足，没有进行分红；企业的各类非控制性投资质量不高，没有为企业贡献投资收益的能力。

3. 经营与投资并重型企业的利润结构异常

经营与投资并重型企业的利润结构异常，是指企业的净利润本应由核心利润与投资收益共同支撑，但由于某个项目贡献力不足，或者两个项目的贡献力均不足，最终由核心利润、其他收益、公允价值变动收益、资产处置收益甚至营业外收入等项目来完成业绩支撑。

在核心利润异常的情况下，其战略内涵的分析可以参照经营主导型企业的利润结构异常的内容来进行分析；在投资收益异常的情况下，其战略内涵的分析也可以参照投资主导型企业的利润结构异常的内容来进行分析；在核心利润与投资收益均异常的情况下，可能企业原有的战略在实施过程中面临困境，需要进行重大的战略调整。

4. 合并利润表利润结构异常

之前我们已经讨论过，在合并资产负债表上，多数企业的资产结构会表现出经营主导的特征。因此，合并利润表利润结构异常的战略内涵，类似于前面经营主导型企业的利润结构异常的分析。

2.4 核心利润获现能力的分析

在对利润表的分析中，我们既要关注企业利润总额、净利润的规模和结构，也要关注企业利润的获现能力。也就是说，对企业的盈利能力进行分析，既要关注利润的数量维度分析，更要关注利润的质量维度分析。其中，关注企业核心利润的获现能力尤为必要。

对企业核心利润获现能力的考察，可以通过考察企业的核心利润获现率来进行。这方面的内容请参见我们在前面已经讨论过的内容。

第3部分 案例评析

3.1 东阿阿胶母公司利润表与合并利润表中的利润结构

从东阿阿胶母公司利润表与合并利润表在营业收入、营业成本、销售费用、管理费用、研发费用、利息费用以及资产减值损失等各个项目的数据比较来看，企业集团的主要业务应该发生在母公司。因此，其特征符合经营主导型企业的特点。

3.2 东阿阿胶利润表主要项目的质量分析

3.2.1 收入类项目

1. 产品或者劳务结构

从收入结构来看，我们只在合并报表附注中采集到了类别业务结构，即医药工业的营业收入占据了东阿阿胶业务的主导部分。也就是说，这是一个主营业务十分突出的企业。由于专注于医药工业，其核心竞争力应该在毛利率、费用率等方面体现出来。

遗憾的是，我们无法获得具体产品的营业收入、营业成本信息，因此难以对东阿阿胶的结构性产品的基本盈利能力进行分析。

2. 市场结构的战略内涵

由于东阿阿胶提供的信息限制，我们无法采集到东阿阿胶地域结构的业务数据，从而无法对支撑东阿阿胶业务的地区结构进行分析。

3.2.2 主要费用类项目

1. 营业成本

我们采集的信息显示，在东阿阿胶 2018 年营业收入有所下降的情况下，营业成本下降更多，从而导致东阿阿胶的综合毛利率有所提高。

同样，我们无法采集到东阿阿胶分产品或分类别的较为明细的营业收入、营业成本信息，因而难以做进一步的结构性毛利及毛利率变化的分析。

营业成本下降、毛利率提高，一般意味着企业的竞争力在提高。

2. 销售费用

（1）结构与规模变化。

从总规模看，东阿阿胶 2018 年的销售费用出现了下降的态势。从结构上来看，东阿阿胶的销售费用的主体是市场推广费、广告费和职工薪酬三大项。

需要注意的是，2018 年东阿阿胶的市场推广费、广告费在下降，这两项费用与营业收入的比率有所下降，这意味着东阿阿胶的营销活动的有效性在提高，或者意味着东阿阿胶在市场中的竞争力在提高。

职工薪酬项目金额增加，表明东阿阿胶有对销售队伍进行激励的迹象。如果确实如此，则东阿阿胶销售队伍的凝聚力有望进一步提高。

（2）销售费用率变化。

从我们的计算可以看到，在东阿阿胶提高了职工薪酬的条件下，不仅销售费用整体在下降，销售费用率也在下降。这一般说明，提高职工薪酬提升了员工的士气和工作积极性，从而使得企业销售费用的有效性有所提高。

需要注意的是，尽管如此，东阿阿胶的销售费用率仍然超过了24%，处于相对较高的水平。也就是说，东阿阿胶在未来进一步提高销售费用的有效性、降低整体销售费用率仍然是有空间的。

3. 管理费用

首先需要说明的是，根据2018年上市公司财务信息披露的要求，企业将以前的管理费用一分为二，分为管理费用和研发费用。这样，2018年的管理费用口径小于2017年管理费用所涵盖的范围。

与此相对应，企业在对合并报表信息进行披露时，也将上一年度属于研发费用范围的费用项目通过研发费用项目单独进行了披露。

因此，2018年管理费用与研发费用之和与2017年的管理费用具有可比性，2018年管理费用率与研发费用率之和与2017年的管理费用率具有可比性。

（1）结构与规模变化。

从总规模看，东阿阿胶2018年的可比管理费用出现了上升的态势。从结构上来看，企业管理费用的主体是职工薪酬、中长期激励基金，以及与管理机构有关的办公费、折旧费及无形资产摊销费等三大项。

具体来看，2018年东阿阿胶的职工薪酬以及与管理机构有关的办公费、折旧费及摊销费在增长。与此同时，中长期激励基金下降明显。

职工薪酬的提高，是东阿阿胶对管理队伍进行了激励的迹象。如果确实如此，东阿阿胶管理团队的凝聚力和积极性有望进一步提升。

与管理机构有关的办公费、折旧费及无形资产摊销费的显著增长，可能意味着企业管理机构的技术装备水平和办公条件的改善。如果确实如此，东阿阿胶未来管理质量的提高是可期待的。

考虑到管理费用中职工薪酬有所增长，而企业中长期激励基金却有所下降，这可能意味着东阿阿胶改变了人力资源激励政策，更加注重对员工近期的业绩考核与激励。

（2）管理费用率变化。

在利润表中，由于条件所限，我们没有计算年度间可比较的管理费用率。但是，从企业营业收入有所下降、可比管理费用规模有所上升的数据结果来看，我们可以判断，东阿阿胶 2018 年度的可比管理费用率是有所上升的。

正如我们在前面所分析的，东阿阿胶可比管理费用率上升的原因主要是职工薪酬、与管理机构有关的办公费、折旧费及摊销费的显著增长造成的。这种增长应该被视为对企业未来发展起积极促进作用的因素。

4. 研发费用

我们在前面已经谈到，利润表中的研发费用项目是新增加的一个费用项目，该项目以前属于管理费用。

尽管在利润表上东阿阿胶并没有对 2017 年的管理费用进行分解披露，但在财务报表附注中还是披露了可比较的研发费用信息。

（1）结构与规模变化。

从总规模看，东阿阿胶 2018 年的研发费用出现了上升的态势。从结构上来看，东阿阿胶研发费用的主体是员工成本、直接投入以及委托外部研究开发费用等三大项。具体来看，员工成本、直接投入在显著增长，而委托外部研究开发费用却有明显下降。

上述三个项目之间此消彼长的变化，可能意味着企业研发策略的重大调整：未来的研发将更多由企业自主进行，逐步降低委托外部研究开发。这可以视为企业自主研发能力在增强的信号。

需要注意的是，东阿阿胶与研发有关的折旧与摊销费用整体在下降。一般来说，这两项费用反映了东阿阿胶与研发有关的硬件和软件的配置水平。这或许意味着，东阿阿胶有必要在未来加大这方面的投入。

（2）研发费用率变化。

在利润表中，由于条件所限，我们没有计算年度间的研发费用率。但是，从东阿阿胶营业收入有所下降、研发费用规模有所上升的数据结果来看，我们可以判断，东阿阿胶 2018 年度的研发费用率是有所上升的。

研发费用规模和比率的上升，可以视为东阿阿胶更加重视研发的信号。

5. 资产减值损失

从东阿阿胶披露的信息来看，资产减值损失主要发生在商业债权上。在数量上，2018 年坏账损失有所增加。这在一定程度上显示了东阿阿胶的赊销风险。如何强化企业的债权管理，并同时促进东阿阿胶的销售活动，是未来东阿阿胶管理中必须解决的重要课题。

6. 投资收益

从合并投资收益的附注来看，东阿阿胶的投资收益的获取途径是比较多的：既有权益法核算确认的投资收益，也有理财投资收益，还有丧失控制权后剩余股权按公允价值重新计量的利得等。

从年度间的比较来看，在投资收益中占比较大且金额稳定的是理财投资收益。这一方面说明东阿阿胶这方面的投资收益质量较高，另一方面也说明其对闲置资金的利用比较重视。但一般情况下，合并资产负债表中的投资性资产项目规模都不会太大，投资收益的规模在年度间也不够稳定，因此，该类项目不太具有战略意义，合并利润表中的投资收益也不应该占据合并利润总额的较大份额。

3.3 东阿阿胶利润结构的分析

从合并利润表数据的构成来看，东阿阿胶的核心利润占据了利润总额的主体位置。而其他收益、资产处置收益与营业外收入等加在一起对利润总额的贡献度并不大。这与合并利润表应有的利润结构是相符的。

母公司的利润结构与合并报表类似，符合母公司资产结构是经营主导型的特征。

结论：无论是从母公司报表还是从合并报表来看，企业的利润结构都是基本正常的。

3.4 东阿阿胶核心利润获现能力的分析

我们的计算表明，东阿阿胶的核心利润获现率较低。主要原因是东阿阿胶赊销导致销售回款不足。在投资收益方面，理财收益将导致东阿阿胶现金增加，因而其获现能力较强，质量较高。

这就是说，未来东阿阿胶经营工作的重点之一应是强化市场管理和债权管理。

3.5 东阿阿胶盈利状况的整体评价

无论是母公司利润表还是合并利润表，其利润结构与母公司资产、合并资产的经营主导型结构都是相吻合的，利润结构也基本正常。

在东阿阿胶固定资产出现了结构优化、固定资产总额增长、企业营业收入略有下降的情况下，毛利率、核心利润率均出现了一定程度的增长。这说明东阿阿胶的产品逐步得到了市场的认可，竞争力进一步提高。需要持续关注的是，东阿阿胶的核心利润产生现金流量的能力是会进一步减弱还是会逐步提高。

名师案例：利润表的战略信息分析专题

1. 利润表的变革历程与最新变化
2. 什么在装饰你眼中的利润表：长安汽车与长城汽车的利润对比
3. 利润的三大支柱分析：长安汽车与长城汽车的对比
4. 从管理费用的分析看企业战略：长安汽车与长城汽车的对比

专题 8　现金流量表分析
——东阿阿胶

第 1 部分　案例资料

东阿阿胶的相关信息见附录 2 和专题 2 中的案例资料。

为聚焦本案例分析，我们摘录部分现金流量表项目信息如下（删除了一些非重点项目），见表 8-1。

表 8-1　东阿阿胶部分现金流量表项目　单位：元

	2018-12-31	2018-12-31	2017-12-31	2017-12-31
报告期	年报	年报	年报	年报
报表类型	合并报表	母公司报表	合并报表	母公司报表
一、经营活动产生的现金流量：				
销售商品、提供劳务收到的现金	6 909 920 000.46	5 439 702 555.08	7 627 283 206.64	5 885 535 700.11
收到其他与经营活动有关的现金	261 995 848.72	337 324 789.68	200 563 063.50	83 539 215.19
经营活动现金流入小计	7 172 390 404.34	5 777 027 344.76	7 828 048 333.71	5 969 074 915.30
购买商品、接受劳务支付的现金	2 734 735 046.89	1 994 858 187.38	2 726 090 956.40	1 706 838 043.23
支付给职工以及为职工支付的现金	582 215 870.65	450 270 852.34	508 098 195.48	392 151 148.68

续前表

	2018-12-31	2018-12-31	2017-12-31	2017-12-31
报告期	年报	年报	年报	年报
报表类型	合并报表	母公司报表	合并报表	母公司报表
支付的各项税费	996 490 796.96	900 960 574.01	930 146 397.76	815 948 990.01
支付其他与经营活动有关的现金	1 849 899 636.77	1 585 058 052.74	1 906 323 573.48	1 499 100 909.55
经营活动现金流出小计	6 163 341 351.27	4 931 147 666.47	6 070 659 123.12	4 414 039 091.47
经营活动产生的现金流量净额	1 009 049 053.07	845 879 678.29	1 757 389 210.59	1 555 035 823.83
二、投资活动产生的现金流量：				
收回投资收到的现金	4 037 274 957.60	4 090 755 261.09	3 095 944 800.53	3 094 382 804.00
取得投资收益收到的现金	102 496 575.64	205 746 171.10	91 166 244.91	158 081 103.02
投资活动现金流入小计	4 147 970 175.93	4 305 281 086.70	3 202 760 314.32	3 280 928 094.52
购建固定资产、无形资产和其他长期资产支付的现金	249 325 798.82	235 252 437.12	313 936 577.78	271 170 784.84
投资支付的现金	3 817 030 000.00	3 943 484 978.00	3 722 804 937.33	3 670 075 666.27
取得子公司及其他营业单位支付的现金净额				2 400 000.00
投资活动现金流出小计	4 083 857 262.19	4 188 937 415.12	4 036 741 515.11	3 943 646 451.11
投资活动产生的现金流量净额	64 112 913.74	116 343 671.58	−833 981 200.79	−662 718 356.59
三、筹资活动产生的现金流量：				
吸收投资收到的现金			600 000.00	
取得借款收到的现金	4 400 000.00			

续前表

	2018-12-31	2018-12-31	2017-12-31	2017-12-31
报告期	年报	年报	年报	年报
报表类型	合并报表	母公司报表	合并报表	母公司报表
收到其他与筹资活动有关的现金		78 395 216.29		237 237 096.83
筹资活动现金流入小计	4 400 000.00	78 395 216.29	600 000.00	237 237 096.83
偿还债务支付的现金	46 100 000.00			
分配股利、利润或偿付利息支付的现金	620 847 132.40	620 847 132.40	613 427 032.57	613 427 032.57
筹资活动现金流出小计	666 947 132.40	658 093 069.81	613 427 032.57	638 781 028.87
筹资活动产生的现金流量净额	−662 547 132.40	−579 697 853.52	−612 827 032.57	−401 543 932.04
四、汇率变动对现金的影响	2 920.50		65 482.59	
五、现金及现金等价物净增加额	410 617 754.91	382 525 496.35	310 646 459.82	490 773 535.20

第 2 部分　现金流量表的分析要点

2.1　现金流量、现金流动与企业战略

从传统来看，理论界对最早出现的两张基本财务报表——资产负债表和利润表的分析主要采用比率分析法。在第三张基本财务报表——现金流量表出现以后，人们自然就想沿袭财务比率分析方法进行分析，设计和创造了很多与现金流量表有关的比率。

从方法论的角度来看，采用什么方法对财务报表进行分析应取决于对财务报表的认识。如果你认为企业的资产负债表就是反映了企业的资产、负债、所有者权益等会计概念及其之间的关系，你就会思考这些概念之间的关系，并在这种认识的基

础上制造各种财务比率，如流动比率、速动比率、资产负债率等。如果你认为在会计概念背后隐藏的是企业的管理活动，并且受企业战略的统领，那么你就会去不断挖掘企业资产负债表背后的管理内涵、战略内涵。

对于利润表而言，如果你认为企业利润表的结构就是一行一行地往下加或者减最后得到利润结果，那么你就会不断寻找几个概念及概念之间的关系，如毛利、毛利率、销售费用率、管理费用率、研发费用率等。同样，如果你认为在这些数据背后还有管理、战略等重要的支撑性因素，你就会不断挖掘企业利润表背后的管理信息与战略含义。

对于现金流量表，如果你认为企业现金流量表的结构就是一行一行地往下加或者减，最终得出各类现金流量净额，你就会不断寻找几个现金流量概念之间的数量关系、各类现金流量结构以及各类现金流量占总现金流量的比重，并制造或者发明各种与现金流量表有关的财务比率。但如果你认为在这些数据背后也有管理、战略等重要的支撑性因素，那么，你同样也会不断挖掘企业现金流量表背后的管理和战略内涵。

在前面讨论企业业务与财务报表之间关系的过程中，我们已经知道：企业设立、融资、经营、对外扩张等活动在引起资产负债表变化（个别业务引起了利润表的变化）的同时，也引起了现金流量表项目的变化。归纳起来，引起现金流量变化的业务可以挖掘出这样的战略内涵：

1. 筹资活动的现金流入量是企业发展的原动力

无论是股东入资，还是获得各类贷款，企业的筹资活动现金流入量都是企业发展的原动力，从而对企业构成了对内经营与对外扩张的战略支撑。在企业设立早期和重大的投资活动中，筹资活动的现金流入量对企业经营活动的现金流出量和企业投资活动的现金流出量都会形成重要的战略支持。

2. 投资活动的现金流出量体现了企业发展的战略方向

投资活动的现金流出量，要么体现企业自身从事经营活动的能力建设规模（如购建固定资产、无形资产等），要么体现企业对外部的扩张幅度（如对外投资设立子公司等）。无论是哪个方向的现金流出量，均应该是对企业发展战略的具体实施。

3. 经营活动的现金流量体现了企业核心利润的获现能力和对投资活动的支持能力

我们在前面已经强调了，质量较高的企业核心利润应该能够产生足够多的经营活动现金净流量。

尽管筹资活动的现金流入量可以为投资活动现金流出量提供重要的战略支持，

但从企业良性发展的要求来看，部分投资活动现金流出量还是应该由企业经营活动现金流量净额来支持。这就要求经营活动现金净流量在实现对企业经营活动的简单再生产的补偿（补偿折旧、无形资产摊销、支付利息等）和支付现金股利之后，还要有余力对企业投资活动现金流出量形成一定程度的战略支撑。如果还有更多余力，也可以偿还企业的债务。

上述内容实质上是从现金流动的视角对现金流量表的理解。

2.2 现金流量表分析：比率分析与战略分析

对于现金流量表的分析，需要将比率分析与战略分析结合起来。

2.2.1 与现金流量表分析有关的主要比率

与现金流量表分析有关的主要比率，包括现金与流动负债比率、核心利润获现率、投资收益获现率等。

2.2.2 与现金流量表有关的战略信息分析

1. 经营活动现金净流量的充分性及其对企业投资活动的战略支撑

对于经营活动现金净流量的充分性，可以从两个方面进行分析：

第一，运用简单的比率分析，计算核心利润获现率，考察经营活动产生的现金流量净额与核心利润相比是否充分。对于常规型传统非重资产企业，在企业的存货周转率每年大于等于 2 次的情况下，核心利润获现率最好保持在 1.2～1.5 倍。

第二，考察企业经营活动现金净流量对当期具有战略意义的投资活动现金流出量的支持度。这里具有战略意义的投资活动是指那些形成企业生产经营能力的投资活动（如购建固定资产、无形资产等）以及对外可持续投资活动，不包括为了获得较高的当期利润而进行的理财活动或资本市场的经常性证券交易活动。

在理想状态下，当企业经营活动现金净流量足够充分时，企业根本就不需要通过任何融资就可以实现对内扩大再生产和对外控制性投资。当然，从企业发展的一般规律来看，企业的经常性扩张所需现金还是应该主要来自筹资活动而不是经营活动。但如果企业经营活动现金净流量能够部分或者全部满足企业的经常性扩张所需现金，那么企业的扩张成本就会大大降低。

2. 投资活动现金流出量的战略信息分析

在战略视角下分析投资活动现金流量，需要重点关注其流出量——从结构和效益两个方面来了解投资活动现金流出量所包含的战略含义。

(1) 投资流出量的结构与企业扩张战略的方向性。

购建固定资产和无形资产是强化企业自身的生产经营能力或者提升管理能力的重要举措；对外投资尤其是控制性投资是通过对外扩张实现多元化战略、进行地域布局或税务规划战略的具体体现，也可能是实现“以较少资源控制更多资源”战略的具体体现。因此，从投资活动现金流出量的规模和结构分布便可以观察企业的战略实施与调整信息。

(2) 现金流出量变化所带来的效益（或效用）。

企业自己购建固定资产、无形资产和其他长期资产支付的现金，会引起当期固定资产、在建工程或者无形资产的增加。这种增加从根本上说是要提升企业满足市场对其产品或者劳务不断增长的需求的能力，从而对本公司营业收入与核心利润（效益）产生影响。但是，如果在建工程周期过长或者短时间内企业固定资产原值增长过快而形成闲置，则可能使企业的财务效益下降。

在对外投资现金流出量方面，由于存在母公司的对外控制性投资有可能形成子公司购建固定资产、无形资产和其他长期资产支付的现金，因此，对于对外投资尤其是控制性投资支付的现金，要特别关注合并报表中购建固定资产、无形资产和其他长期资产支付的现金与合并资产负债表中在建工程、固定资产规模以及营业收入和核心利润之间的关联度，来综合考察现金流出量的财务效益。

(3) 筹资活动现金流入量与企业战略。

对于筹资活动的现金流量，主要应该关注现金流入量的来源以及相应的规模，即企业的筹资规模与支持方向。一般来说，企业筹集的现金应该支持的方向有：第一，支持其自身的经营能力扩张，形成固定资产和无形资产等；第二，支持其对外投资，尤其是控制性投资，并最终形成子公司的经营资产；第三，支持本公司日常经营活动，形成经营性流动资产；第四，仅仅支持企业的货币资金增长；第五，支持偿还债务的活动等。

显然，上述筹资活动所支持的方向，大多体现了企业的战略意图。

第3部分　案例评析

3.1　东阿阿胶母公司现金流量表分析

比较一下东阿阿胶母公司2018年度与2017年度的现金流量表的结构，我们不难发现，两年现金流量表的结构性特征非常相似：经营活动的现金流量净额持续为正数；投资活动现金流量除了购建固定资产、无形资产支付的现金，比较活跃的还有投资支付的现金和收回投资收到的现金，取得投资收益收到的现金也有一定规模；筹资活动现金流量很不活跃，规模较大的是分配股利、利润或偿付利息支付的现金。

上述结构性现金流量说明：第一，东阿阿胶经营活动现金流量能够维持基本的周转并有一定富余，这种富余既可以用于向股东支付现金股利，也可以用于购建固定资产、无形资产，还可以用于短期投资如理财等。

第二，投资活动现金流出量中购建固定资产、无形资产的持续发生，表明东阿阿胶在提高自身技术装备水平等方面持续有所作为，东阿阿胶未来生产经营活动的技术装备基础可以得到进一步保证。

第三，从投资活动现金流量中比较活跃的投资支付的现金和收回投资收到的现金，能感受到企业在盘活货币资金、不断优化对外投资方向上所作出的努力。而取得投资收益收到的现金占当期投资收益比重较高则表明企业收益的含金量较高。

第四，筹资活动现金流量中，筹资流入量不活跃一方面表明企业的现有现金存量和经营活动产生的现金增量可以满足当前的经营与投资需要，另一方面也表明企业在近期可能没有大规模战略扩张的打算。

第五，由于东阿阿胶没有什么债务筹资，筹资活动中的分配股利、利润或偿付利息支付的现金的主要构成应该是向股东支付现金股利。这也显示出东阿阿胶现金流量充裕的财务状况。

需要注意的是，我们前面计算过，东阿阿胶的核心利润获现率并不高。那么，为什么东阿阿胶核心利润获现率不高却可以保持现金流转顺畅呢？

首先，东阿阿胶的利润率（毛利率、核心利润率）较高，使得现金回收的补偿压力不大，从而较低规模的销售回款便可以维持东阿阿胶的日常周转；其次，东阿阿胶在贷款利息和固定资产折旧与无形资产摊销等方面的补偿压力也不大，从而使得东阿阿胶的经营活动现金流量显得较为充裕；再次，东阿阿胶在考虑自己现金支付能力的条件下，可以通过控制现金股利分配的规模来合理安排现金流出；最后，东阿阿胶现金存量充足，可以维持较长时间的现金周转。

3.2　东阿阿胶合并现金流量表分析

实际上，合并现金流量表与母公司现金流量表的结构和态势基本是一致的。请读者比照我们上面的分析，自行对东阿阿胶合并报表展示出来的现金流转状况进行分析和评价。

最后需要说明的是，我们的分析只用到了一个财务比率——核心利润获现率。我们的分析表明，对现金流量表的分析，更多的是要进行结构性分析、联系性分析。实际上，大量的现金流量表分析是完全可以不借助财务比率的。

名师案例：现金流量表的战略信息分析专题

专题 9　比率分析是用合并报表还是母公司报表数据？
——东阿阿胶与中国联通

第 1 部分　案例资料

东阿阿胶的相关信息见附录 2 和专题 2 中的案例资料。

中国联通的相关信息见附录 3 和专题 3 中的案例资料。

第 2 部分　合并报表与母公司报表运用财务比率的分析要点

母公司财务报表与合并财务报表之间存在显著差异，在运用比率分析的过程中，应该注意母公司财务报表与合并财务报表的差异性问题。

2.1　母公司的资产、利润结构不同，财务比率运用也不尽相同

前面已经谈到，企业在发展过程中会对经营方式、发展路径、经营战略不断做出调整以适应不断变化的经营环境，企业的资产结构、利润结构也会随之发生深刻变化。

这种深刻变化在财务报表上集中表现为，企业的资产明显可以区分为经营资产和投资资产；企业利润表的构成中，与经营活动有关的利润（核心利润）和与经营活动关联度不大的投资收益等复杂地交织在一起，共同构成内容涵盖越来越广泛的营业利润。

我们在前面讨论比率分析的过程中已经对此问题有所涉及。在这里再强调和总

结一下母公司的资产、利润结构不同对财务比率分析造成的影响。

第一，在流动比率方面，当企业流动资产中经营性流动资产占比较低、投资性流动资产占比较高时，应该慎重运用流动比率。

第二，在总资产周转率方面，当企业资产总额中经营资产与投资资产各自占比均较高时，总资产周转率会在相当程度上失去意义。此时应考虑用经营资产周转率（经营资产＝资产总额－投资资产）。

第三，在投资收益等与经营活动关联度较低的利润表项目占营业利润比重较高时，营业利润与营业收入之间的关联度会大幅度降低，营业利润率（营业利润率＝营业利润/营业收入＊100％）、销售净利率（销售净利率＝净利润/营业收入＊100％）会在很大程度上失去意义。此时应该考虑用核心利润率（核心利润率＝核心利润/营业收入＊100％）代替营业利润率来考察企业经营活动的盈利能力。

第四，在企业资产总额中投资资产占据主体的情况下，企业已经不是从事经营活动的主体，而成了投资活动的主体。此时，与考察企业经营活动有关的比率居于次要地位，而考察企业资产整体盈利能力以及利润的获现能力等居于主导地位。

因此，母公司财务报表在运用财务比率分析的过程中，也需要结合企业的具体情况来进行。

2.2　合并财务报表可以运用的财务比率

尽管母公司报表与合并报表存在显著差异，但一些适用于母公司报表的财务比率对合并报表仍然适用。适用于合并报表的主要财务比率有：

1. 毛利率、销售费用率、管理费用率、核心利润率

合并利润表展示了母公司控制的整个集团的营业收入、营业成本、销售费用、管理费用和财务费用等信息。

尽管不能够考察特定企业的具体情况，合并报表下的毛利率、销售费用率、管理费用率仍然可以考察企业集团整体在年度之间的盈利竞争力和费用的有效性，以及企业营业收入获取核心利润的能力。

2. 核心利润获现率

在集团整体层面，核心利润获现率反映了整个集团的核心利润从集团外部获得现金流量的能力。这种能力对集团而言是非常有意义的。

3. 总资产报酬率

以合并资产负债表中展示的整个集团的资产总额为基础，考察企业整体的盈利能力，对于集团管理层而言是非常有意义的一项指标。虽然这个比率不能反映具体企业的资产报酬情况，但从整体上把握企业集团的总资产报酬率及其变化趋势也是非常有意义的。

4. 所有者（股东）权益报酬率（净资产收益率）

与总资产报酬率相似，以合并资产负债表中展示的整个集团的股东权益总额为基础，计算企业整体为股东带来的权益报酬率，对于从股东角度考核企业的业绩和投资价值也是非常有意义的。虽然这个比率不能反映具体企业的所有者权益报酬情况，但从整体上把握企业集团的股东权益报酬率及其变化趋势是很有意义的。

2.3　合并财务报表慎用的财务比率

由于合并财务报表“合并”或者“叠加”的特性，一些反映企业偿债能力和运营效率的财务比率（如流动比率、存货周转率、固定资产周转率、总资产周转率等）需要慎用。

1. 流动比率

对于任何特定企业，在计算其流动比率并结合企业的流动资产结构与流动负债结构进行分析时，我们总能得出企业在营运资本管理方面的印象。但是，在合并报表条件下，计算流动比率就不一定有意义了。

在合并财务报表条件下，母子公司之间的内部交易在编制过程中被抵消了，这就意味着企业间鲜活的内部业务关联被剔除了。合并资产负债表的流动资产展示的是整个集团所有企业加在一起的对外商业债权（应收票据和应收账款），企业集团拥有的货币资金、存货，以及企业集团整体对外所欠的贷款、货款、税金等。更何况母子公司都是独立的法律主体，不能拿子公司的流动资产去还母公司的流动负债，这是毋庸置疑的事实。

因此，合并资产负债表中的流动资产和流动负债更多的仅仅是一种外在形象上的罗列和展示，二者之间已经失去了必然的内在联系。

2. 存货周转率

个别企业的存货周转率是有意义的，它反映了存货在企业的“停留”时间。在有毛利的情况下，存货周转越快，企业的盈利能力往往越高。

但是，在合并财务报表条件下，合并资产负债表上的存货数字仅仅是对整个集团母子公司的存货数字相加并剔除重复计算因素以后得到的数字。在母子公司的业务类型、存货的物理形态差异较大的情况下，合并资产项下的存货与利润表中的营业成本之间的关联度会大大降低。设想一下，如果母公司是一家药厂，而子公司中一家是财务公司，一家是房地产公司，一家是药品经销商，一家是医院，那么简单粗暴地计算存货周转率是一件多么可笑而又毫无意义的事情。

3. 固定资产周转率

与存货周转率类似，个别企业的固定资产周转率是有意义的，它反映了企业固定资产（原值）推动营业收入的能力。在有毛利的情况下，固定资产周转越快，企业的盈利能力往往越高。

但有时固定资产周转率也会没有意义。例如，当个别企业是投资型企业时，其固定资产周转率就没有什么意义。这是因为，此时的固定资产不是获得营业收入的手段，而是企业从事日常经营活动和管理活动必要的物质基础。再者说，固定资产的运用结果也不是带来营业收入，而是获得投资收益。

而在合并报表条件下，合并资产负债表上的固定资产数字是对整个集团母子公司的固定资产数字相加并剔除重复计算因素以后得到的数字（例如，在母公司的存货以毛利加价出售给子公司的情况下，现实中的子公司将以自己包含母公司毛利因素的取得成本为基础确定其固定资产价值并计提折旧。但在编制合并报表时，这种与内部交易毛利有关的固定资产原值增加要剔除，相关折旧也要剔除）。在母子公司的业务类型、固定资产的结构差异较大的情况下，合并资产项下的固定资产与利润表的营业收入之间的关联度会大大降低，进而可能使得固定资产周转率指标完全失去意义。

4. 总资产周转率

与固定资产周转率相类似，个别企业的总资产周转率或者有意义，或者无意义（当个别企业是投资型企业时，总资产周转率就没有什么意义）。在有意义的情况下，它反映了企业总资产推动营业收入的能力。在有毛利的情况下，企业总资产周转越快，企业的盈利能力往往就越高。

但是，在合并报表条件下，合并资产负债表上的资产数字是对整个集团母子公司的资产数字相加并剔除重复计算因素以后得到的数字。在母子公司的业务类型、资产的结构差异较大的情况下，合并资产项下的资产总额与利润表的营业收入之间的关联度同样会大大降低，进而可能使得总资产周转率指标完全失去意义。

第 3 部分　案例评析

3.1　关于中国联通财务比率分析的运用

1. 中国联通母公司资产结构对财务报表的重大影响

我们在前面的分析中曾经对中国联通母公司的资产结构进行了讨论：母公司采取的是投资主导型发展或者扩张战略。实际上，中国联通母公司资产结构的影响不仅涉及对母公司的认识问题，还涉及对利润表和现金流量表的认识问题。

请读者注意一条非常清晰的脉络：特定企业的经营资产将产生自身利润表的营业收入、核心利润，并带来自身现金流量表中的经营活动现金流量净额；控制性投资资产将带来子公司的营业收入、核心利润与子公司现金流量表中的经营活动现金流量净额，而这些子公司的财务信息将首先并入合并利润表与合并现金流量表。子公司如果分红，则会形成母公司的投资收益以及母公司现金流量表中取得投资收益收到的现金；其他投资资产将带来利润表的投资收益以及相应的现金流量表中取得投资收益收到的现金（当然，由于投资收益核算的复杂性，这种对应关系也是比较复杂的）。

这样，投资主导型母公司的利润表将形成这样的结构：

第一，由于母公司营业收入较低或者干脆为零，而母公司要管理整个集团并可能为整个集团进行债务融资，因此，其管理费用和财务费用有可能相对较高（管理费用、财务费用与母公司的经营无关，与整个集团的管理有关），母公司的核心利润往往为负数，与核心利润有关的分析实际上是没有意义的。

第二，支撑母公司营业利润、利润总额以及净利润的主体是投资收益。但是，由于现行会计处理对控制性投资采用成本法核算，即只有在子公司宣布发放现金股利的情况下母公司才可以确认投资收益，因此，母公司控制性投资收益的确认并不取决于子公司是否有利润，而取决于子公司是否有现金分红。

第三，由于子公司宣布分红时，母公司即可以确认投资收益，这就可能存在确认投资收益在先，收到现金股利在后。当这种时间间隔跨年度时，就会影响投资收益收到的现金规模。

2. 中国联通母公司资产结构对财务报表比率分析的重大影响

（1）对母公司财务比率分析的影响。

基于中国联通母公司资产结构的影响，该母公司的下列比率将基本失去意义：流动比率、速动比率、存货周转率、总资产周转率、固定资产周转率、流动资产周转率、毛利率、核心利润率、核心利润获现率等。

可以计算的与母公司资产负债表有关的财务比率：资产负债率、资产金融负债率。

（2）对合并报表财务比率分析的影响。

在合并财务报表条件下，中国联通可以应用的主要财务比率为：第一，反映企业利润表盈利状况的财务比率，如毛利率、销售费用率、管理费用率、研发费用率、核心利润率等。第二，反映企业资产盈利能力的财务比率，如总资产报酬率与所有者（股东）权益报酬率（净资产收益率）；反映企业利润含金量的财务比率，如核心利润获现率与投资收益获现率（取得投资收益收到的现金/投资收益 * 100%）。第三，反映企业资产周转状况的财务比率，如总资产周转率和固定资产周转率（由于企业经营特点，存货周转率的计算意义不大）。第四，可以计算的与合并资产负债表有关的财务比率，如资产负债率、资产金融负债率。

3.2 关于东阿阿胶财务比率分析的运用

1. 东阿阿胶母公司资产结构对财务报表的重大影响

我们在前面的分析中曾经对东阿阿胶母公司的资产结构进行了讨论：母公司采取的是经营主导型发展或者扩张战略。在母公司全部的资产规模中，经营资产占据了主导地位。

经营主导型母公司的利润表将形成这样的结构：

第一，由于母公司的经营资产占据主导地位，企业形成了完整的生产经营业务体系，因此，营业收入可能有相当的规模，而此时母公司的管理活动与筹资活动的相关内容与母公司有关。因此，可以这样认为，母公司的管理费用、财务费用与母公司的经营有较大关联。此时，母公司的核心利润是可以做常规性分析的。

第二，支撑母公司营业利润、利润总额以及净利润的主体是核心利润与投资收益。至于其他收益是否能对母公司的营业利润和利润总额形成主要支撑则取决于有关政策的关联性。

2. 东阿阿胶母公司资产结构对财务报表比率分析的重大影响

（1）对母公司财务比率分析的影响。

基于东阿阿胶母公司的资产结构，比率分析有以下特点：第一，该母公司的下列比率将可以进行常规分析，包括毛利率、核心利润率、存货周转率、固定资产周转率、核心利润获现率、资产负债率、资产金融负债率等。第二，在流动资产中投资性资产占比不高以及流动负债中整合资金色彩的其他应付款占比不高的情况下，可以对流动比率、速动比率、流动资产周转率等进行常规分析。第三，在总资产中投资性资产占比不高的情况下，可以对总资产周转率进行常规分析。

如果流动资产中的投资性资产占比超过流动资产的 10%、资产总额中的投资资产占比超过资产总额的 10%或者流动负债中整合资金色彩的其他应付款占比超过流动负债的 10%，则在上述财务比率的计算中要对流动资产中的投资、资产总额中的投资以及流动负债中的其他应付款予以剔除。

（2）对合并报表财务比率分析的影响。

在东阿阿胶合并报表中可以应用的主要财务比率为：第一，反映企业利润表盈利状况的财务比率，如毛利率、销售费用率、管理费用率、研发费用率、核心利润率等。第二，反映企业资产盈利能力的财务比率，如总资产报酬率与所有者（股东）权益报酬率（净资产收益率）；反映企业利润含金量的财务比率，如核心利润获现率与投资收益获现率。第三，反映企业资产周转状况的财务比率：存货周转率、流动资产周转率、固定资产周转率和总资产周转率。第四，有一定参考价值的与合并资产负债表有关的财务比率，如资产负债率、资产金融负债率。

具体指标的计算，请读者自行完成。

名师案例：比率分析陷阱与创新专题

1. 无所不在的比率分析失灵了！
2. 比率分析在母公司报表、合并报表分析中的应用陷阱与解决之道
3. 经营主导型企业如何进行比率分析：格力电器
4. 投资主导型企业如何进行比率分析：美的集团
5. 告诉你真正有用的比率分析：特变电工

专题 10　资产减值与企业风险分析
——天神娱乐

第 1 部分　案例资料

1.1　天神娱乐 2017 年年报的相关信息

1. 财务报表

天神娱乐股份有限公司（简称天神娱乐）2016—2017 年度资产负债表、利润表和现金流量表见附录 4。

2. 公司基本情况

天神娱乐主营业务为网络游戏的开发和运营，包括网页网络游戏、移动网络游戏，互联网和移动互联网广告，移动应用分发平台的开发和运营业务以及技术及咨询服务。

3. 与商誉有关的信息披露

（1）2017 年商誉账面原值见表 10 - 1。

表 10 - 1　天神娱乐 2017 年商誉账面原值　单位：元

被投资单位名称或形成商誉的事项	期初余额	本期增加	本期减少	期末余额
Avazu Inc.	1 885 159 537.86		1 885 159 537.86	0.00
雷尚（北京）科技有限公司	782 623 227.69			782 623 227.69

续前表

被投资单位名称或形成商誉的事项	期初余额	本期增加	本期减少	期末余额
北京妙趣横生网络科技有限公司	503 646 631.94			503 646 631.94
深圳市为爱普信息技术有限公司	493 037 284.51			493 037 284.51
深圳市一花科技有限公司	901 957 520.86			901 957 520.86
北京幻想悦游网络科技有限公司		2 927 911 554.90		2 927 911 554.90
北京合润德堂文化传媒有限责任公司		520 162 973.34		520 162 973.34
嘉兴乐玩网络科技有限公司		436 173 120.00		436 173 120.00
北京星空智盛科技发展有限公司		6 299 355.68		6 299 355.68
合计	4 566 424 202.86	3 890 547 003.92	1 885 159 537.86	6 571 811 668.92

（2）2017 年商誉减值准备见表 10-2。

表 10-2　　天神娱乐 2017 年商誉减值准备　　单位：元

被投资单位名称或形成商誉的事项	期初余额	本期增加	本期减少	期末余额
Avazu Inc.	13 649 635.42		13 649 635.42	0.00
北京妙趣横生网络科技有限公司		30 378 907.77		30 378 907.77
合计	13 649 635.42	30 378 907.77	13 649 635.42	30 378 907.77

（3）减值准备计提说明。

商誉减值测试过程、参数及商誉减值损失的确认方法如下：基于减值测试目的，公司将商誉分摊至相关资产组执行减值测试程序，如测试结果表明包含分摊的商誉的资产组的可收回金额低于其账面价值，确认相应的资产减值损失。减值金额先抵减分摊至该资产组的商誉的账面价值，再根据资产组除商誉以外的其他各项资产的账面价值所占比重，按比例抵减其他各项资产的账面价值。公司以 2017 年 12

月 31 日为评估基准日，聘请北京北方亚事资产评估事务所（特殊普通合伙）对深圳市一花科技有限公司（简称一花科技）、雷尚科技、妙趣横生、深圳市为爱普信息技术有限公司（简称深圳为爱普）、幻想悦游、合润传媒、嘉兴乐玩网络科技有限公司（简称嘉兴乐玩）相关资产组的可收回金额进行评估，依据相关子公司管理层根据历史经验及对市场发展的预测确定的 2018—2022 年财务预算以及 2022 年以后稳定的现金流量预测，并选择适当的折现率，确定相关资产组的可收回金额，分别出具了报告号为北方亚事咨评字［2018］第 01－056 号、北方亚事咨评字［2018］第 01－059 号、北方亚事咨评字［2018］第 01－062 号、北方亚事咨评字［2018］第 01－057 号、北方亚事咨评字［2018］第 01－058 号、北方亚事咨评字［2018］第 01－063 号、北方亚事咨评字［2018］第 01－061 号的评估报告。根据评估结果，对妙趣横生商誉计提减值准备30 378 907.77元。

（4）其他说明。

商誉本期减少原因系根据公司第三届董事会第 46 次会议决议，公司本期以所持子公司 Avazu Inc. 100％股权作价取得 DotC United Inc. 30.58％的股权，减少非同一控制企业合并 Avazu Inc. 确认的商誉。

4. 联营企业 DotC United Inc. 公司有关情况见表 10－3

表 10－3　　联营企业相关情况　　单位：元

被投资单位	期初余额	追加投资	权益法下确认的投资损益	其他综合收益调整	期末余额（无减值准备计提）
DotC United Inc.	0.00	2 215 000 000.00	51 249 568.70	－35 008 243.16	2 231 241 325.54

1.2　2019 年 2 月 27 日的资产减值公告

2019 年 2 月 27 日，天神娱乐发布了编号为 2019－014 的《关于计提资产减值准备及确认预计负债的公告》，称为了更加真实、准确地反映公司截至 2018 年 12 月 31 日的资产状况和经营成果，公司对 2018 年末各类资产进行了全面清查和减值测试，公司董事会同意计提资产减值准备及确认预计负债。有关事项公告如下：

1.2.1　本次计提资产减值准备及确认预计负债的情况

1. 本次计提资产减值准备及确认预计负债的原因

游戏行业在人口红利消失、行业增速下滑、市场竞争日趋激烈的背景下，经受了监管政策调整带来的巨大压力。影视行业方面，监管层多维度持续加强行业监管，受此影响，市场对于影视行业预期产生明显下调。游戏与影视是公司经营及投资的两大核心板块，在以上行业发展背景和政策与市场环境变化的叠加作用下，公司各子公司2018年度经营业绩均有不同程度的下降，公司根据《企业会计准则第8号——资产减值》《会计监管风险提示第8号——商誉减值》的相关规定，对截至2018年12月31日的公司及子公司的应收款项、长期股权投资、可供出售金融资产、商誉等资产进行了全面清查，对相关资产价值出现的减值迹象进行了充分的分析和评估。经减值测试，公司需根据企业会计准则的规定计提相关资产减值准备。

2. 本次计提资产减值准备及确认预计负债的范围、总金额和拟计入的报告期间

经公司及下属子公司对2018年末可能存在减值迹象的资产进行全面清查和减值测试后，2018年度拟计提各项资产减值准备合计639 761.81万元，因公司或子公司以劣后级合伙人身份参与设立并购基金，对并购基金优先级和中间级合伙人出资份额和收益承担回购或差额补足义务而确认预计负债154 738.43万元。拟计入的报告期间为2018年度。具体情况如下：

（1）各项资产减值准备见表10-4。

表10-4　各项资产减值准备　单位：万元

资产项目	期初余额	本期计提	合并增加	本期减少	期末余额
可供出售金融资产减值准备	2 415.00	14 000.00	17 455.34	400.00	33 470.34
长期股权投资减值准备	943.27	142 859.36	35 521.05	—	179.32
商誉	3 037.89	481 401.68		—	484 439.57
应收款项	8 691.91	1 500.77			10 192.68
合计	15 088.07	639 761.81	52 976.39	400.00	707 426.27

注：本年度减值准备合并增加金额为：因触发并购基金回购条款，将并购基金纳入合并范围增加所致。

（2）公司2018年度对并购基金优先级和中间级合伙人出资份额和收益承担回购或差额补足义务而确认预计负债154 738.43万元。

3. 本次计提资产减值准备及确认预计负债的具体情况

（1）可供出售金融资产、长期股权投资及预计负债。

针对并购基金可收回金额的确定，公司在资产负债表日按照《企业会计准则第8号——资产减值》的规定，复核并购基金出资份额是否存在减值迹象，通过评估并购基金投资的标的公司全部股东权益价值，按照并购基金持有的标的公司股权比

例乘以标的公司全部股东权益价值估计并购基金出资份额的可收回金额，并与并购基金出资份额账面价值进行比较。

2018 年度受市场竞争及政策监管因素影响，标的公司业绩不达预期，存在减值迹象。公司聘请具有证券期货资质的评估机构对该项资产进行估值咨询，对标的公司的全部股东权益价值进行估值咨询，公司依据初步估值结果，按照并购基金持有的标的公司股权比例乘以标的公司全部股东权益价值估计并购基金出资份额的可收回金额。

公司针对持有的浙江世纪华通集团股份有限公司（股票代码 002602）及 MOMOINC（美股股票代码 MOMO），因其存在活跃市场，公允价值能够可靠计量。以每年最后一个交易日股票收盘价计算其公允价值；公司联营、合营企业及其他参股公司主要涉及游戏研发及运营、影视广告等；公司每年都会对其进行减值测算，聘请专业的评估机构对其提供评估咨询。2018 年公司聘请专业的评估机构对其股东全部权益进行估值咨询，从而确定公司持有的股权投资的可收回金额。2018 年度公司联营、合营企业及其他参股公司受前述行业情况及政策影响，游戏及影视广告等公司盈利能力及发展能力不足，部分公司存在减值迹象。公司依据《企业会计准则第 8 号——资产减值》的规定对联营、合营企业及其他参股公司的投资进行梳理，并结合现有资料秉持严谨的态度，依据测算结果得出相关资产的可收回金额。

截至 2018 年 12 月 31 日，公司可供出售金融资产账面余额 104 751.00 万元，长期股权投资账面余额 359 584.16 万元；因本期合并范围变化，可供出售金融资产减值准备增加 17 455.34 万元，长期股权投资减值准备增加 35 521.05 万元；经测算，可供出售金融资产账面金额预计可收回金额 88 736.00 万元，长期股权投资预计可收回金额 215 781.53 万元；公司拟计提可供出售金融资产减值准备 14 000.00 万元，拟计提长期股权投资减值准备 142 859.36 万元，公司对并购基金优先级和中间级合伙人出资份额和收益承担回购或差额补足义务而确认预计负债154 738.43万元。

（2）商誉。

截至 2018 年 12 月 31 日，公司商誉的账面余额 679 744.11 万元。公司依据《企业会计准则第 8 号——资产减值》的相关规定，对企业合并所形成的商誉，每年年度终了基于商誉减值测试目的，均聘请具有证券期货资质的专业估值机构对商誉相关资产组的可收回金额进行评估，根据估值结果，确定应计提的减值准备金额。

2018 年度，由于宏观政策及市场环境的变化，以及公司部分游戏产品研发进度未达预期、游戏产品未能及时上线等原因，各子公司业绩在 2018 年度集中大幅下滑，导致当期商誉减值计提金额较大。为了准确计量商誉的减值金额，在 2018 年度年报编制过程中，公司管理层利用评估专家的工作，考虑了资产组或资产组组合的宏观环境、行业环境、实际经营状况及未来经营规划等因素。对未来现金净流量预测时，以资产的当前状况为基础，以税前口径为预测依据，并充分关注选取的关键参数（包括但不限于成本、费用、预测期增长率、稳定期增长率）是否有可靠的数据来源，是否与历史数据、运营计划、行业数据、行业研究报告、宏观经济运行状况相符。对折现率预测时，是否与相应的宏观、行业、地域、特定市场、特定市场主体的风险因素相匹配，是否与未来现金净流量均一致采用税前口径等因素秉持严谨的态度，经测算拟计提商誉减值准备 481 401.68 万元。

（3）应收款项。

2018 年度，公司根据《企业会计准则第 8 号——资产减值》及公司相关坏账计提会计政策，对应收款项预计可收回金额进行测算。截至 2018 年 12 月 31 日，应收账款账面余额 76 745.65 万元，其他应收款账面余额 73 557.88 万元，经测算，应收账款预计可收回金额 70 073.41 万元，其他应收款预计可收回金额 70 037.44 万元；2018 年度坏账准备期末余额 10 192.68 万元，其中 2018 年拟计提坏账准备1 500.77万元。

1.2.2 本次计提资产减值准备及确认预计负债对公司的影响

公司 2018 年度计提各项资产减值准备合计 639 761.81 万元，公司对并购基金优先级和中间级合伙人出资份额和收益承担回购或差额补足义务而确认预计负债 154 738.43万元。预计减少 2018 年度归属于母公司所有者的净利润 794 500.24 万元，相应减少 2018 年末归属于母公司所有者权益 794 500.24 万元。本次计提的资产减值准备及确认的预计负债最终数据以会计师事务所出具的 2018 年度审计报告为准。

1.3 天神娱乐业绩快报

2019 年 2 月 28 日，天神娱乐发布了编号为 2019－015 的《2018 年度业绩快报》。主要内容见表 10－5。

表 10－5　　2018 年度合并报表主要财务数据和指标

项目	本报告期	上年同期	增减变动幅度
营业总收入	2 517 316 752.90	3 101 374 995.27	－18.83%
营业利润	－5 750 434 192.43	1 357 928 875.70	－523.47%
利润总额	－7 293 317 052.87	1 332 385 374.74	－647.39%
归属于上市公司股东的净利润	－7 521 889 155.46	1 019 676 231.19	－837.67%
基本每股收益（元/股）	－8.324 5	1.174 2	－808.95%

续前表

	本报告期末	本报告期初	增减变动幅度
总资产	8 211 167 038.69	14 400 438 534.80	−42.98%
归属于上市公司股东的所有者权益	1 649 311 344.66	9 186 709 367.54	−82.05%
股本（股）	932 142 900.00	936 846 900.00	−0.50%
归属于上市公司股东的每股净资产（元/股）	1.77	9.81	−81.96%

第 2 部分　资产减值与企业风险的分析要点

2.1　经营资产减值的战略内涵

按照企业会计准则的要求，在会计期末，企业应该对各项资产进行价值测试。如果某项资产发生了减值，就要进行减值的会计处理，将新减损的价值计入利润表的“资产减值损失”项目，冲减当年的利润。

对于各个经营资产而言，表面上看，资产减值更多地属于企业个别资产层面的质量问题，但实际上，资产减值背后却蕴含着较为丰富的战略信息。

从企业管理的角度来看，企业的各项资产并不是单独发挥作用的。例如，物理质量和功效完全没有差别的商品，在不同的市场上由于与不同的资产进行整合，其表现出来的市场价值可能存在较大差异。这种价值表现得不一样，与特定商品本身的质量没有关系，与特定资产和其他资源的整合状况有关。

因此，企业资产的减值也不能简单地理解为个别资产质量出了问题（当然也不排除个别资产出问题的情况）。在出现重大战略调整的时期（这种重大调整可能是源于股权结构变化、市场竞争环境、产业政策调整等因素），企业往往要进行大规模的资产减值处理。

2.2　长期股权投资减值、商誉减值的战略内涵

一家企业投资或并购另外一家企业，肯定不是为了增加风险。但是，如果在投资或者并购前的并购代价过大、并购后整合不当，企业的投资或并购就会增加企业的风险。

投资或并购与企业风险之间的关系可以从以下几个方面来考察：

1. 并购商誉

直观理解，并购后在合并报表上出现的商誉就是并购过程中并购方支付的对价中高于被并购对象公允价值的部分。这就是说，商誉实质上是并购方过高的并购代价所带来的。

按照现在的会计准则要求，商誉不进行摊销，但要在各个会计期末进行减值测试，必要时进行减值准备的计提。

从商誉意味着企业支付了过高的并购代价这一角度来理解，如果被并购企业在未来不能展现出较高的盈利能力或者不能与企业的现有业务产生较好的战略协同效应，有效提升企业集团整体的盈利能力，则商誉所对应的被并购企业就是一个非常大的风险源，商誉也很可能沦为不良资产。

2. 并购的资产扩张效果

我们在前面曾经讨论过，企业的控制性投资资产扩张效果取决于被控制企业（子公司）的债务融资能力、业务规模以及业务发展能力、盈利能力以及少数股东的贡献力等。

在对外实施并购的条件下，企业的控制性投资资产的扩张效果除了取决于上述诸因素，还取决于企业的并购代价。高商誉并购条件下，控制性投资的资产扩张效果往往不佳。如果是在关联方之间实施并购，由于有太多的内幕交易信息不对外披露，并购给企业带来的风险有可能反而会更大。

3. 并购后的盈利能力

并购后的盈利能力，一方面直接表现在被并购企业自身的营业收入、核心利润等方面的贡献，这部分盈利能力的贡献将直接并入合并利润表；另一方面，也可能对母公司或母公司所控制的其他企业的盈利能力有所贡献。

但如果上述各种贡献都难以实现，则并购方将面临较大的风险。

4. 非控制性长期股权投资

企业的非控制性长期股权投资，一般不具有战略内涵。但是，在某些情况下，长期股权投资会起到盈余管理的效果。这方面的情形，在本案例的分析内容中将展示给读者。

2.3　资产减值与企业风险

之所以某一资产项目发生减值，主要是因为这一资产对企业未来的贡献已经出现了明显下降的迹象。这往往意味着，企业与该项资产相关的经营活动和投资活动或者出现了行业性的萧条，或者出现了企业不可逆转的竞争劣势等，这些业务的未来盈利前景令人担忧。

当出现重大资产减值的时候，读者需要考虑的问题是：冰冻三尺非一日之寒，为什么在某特定会计期间会出现集中计提巨额资产减值准备的情况？这种企业有没有公司治理风险？这种企业的经营管理是否存在严重问题？这种企业的投资价值在哪里？

第 3 部分　案例评析

3.1　天神娱乐 2017 年度财务状况的基本评价

3.1.1　天神娱乐母公司的发展战略与引资战略

1. 天神娱乐母公司资产结构与企业扩张或发展战略

从天神娱乐母公司的资产结构来看，在流动资产中，典型的经营资产如应收票据、应收账款和存货等均为零，这一般是企业不从事经营活动的迹象。非流动资产中的固定资产占资产或非流动资产的比重极低，说明母公司基本上不从事一般意义上的经营活动。

母公司资产中占比比较大的是长期股权投资、可供出售金融资产以及具有投资色彩的其他应收款（合并报表的其他应收款显著低于母公司，其差额就是控制性投资）。母公司的资产结构基本可以体现天神娱乐选择的是对外投资主导型的发展战略。母公司利润表中的营业收入为零，说明母公司没有从事常规性的经营活动，这也从另一方面证实了天神娱乐选择的是对外投资主导型的发展战略。

2. 母公司控制性投资的资产扩张效果

（1）控制性投资占用的资源规模。

比较一下母公司长期股权投资的规模与合并报表长期股权投资的规模，我们就会发现，两者之间出现了“越合并越小”的现象。这意味着控制性的基本规模约为86亿元（109－23）。

同样，比较一下母公司其他应收款的规模与合并报表其他应收款的规模，我们还会发现，两者之间也出现了“越合并越小”的现象。这意味着天神娱乐通过其他应收款的通道向子公司提供资金的方式所形成的控制性投资的基本规模约为3亿元（7－4）。

综合上述信息，天神娱乐控制性投资的基本规模为89亿元。

(2) 控制性投资的资产扩张效果。

天神娱乐2018年末合并资产总计的规模为144亿元，母公司资产总计的规模为132亿元。两者相差约为12亿元。

这就是说，母公司用89亿元的控制性投资仅仅实现了12亿元的集团资产增长。

控制性投资资产效果不理想的原因，一般可能是子公司的业务规模、债务融资规模、少数股东入资规模以及子公司的利润积累规模等对子公司资产增长的贡献度不高。

比较一下母公司报表与合并报表的负债与股东权益项目之间的差异，我们可以清晰地看到，子公司的利润积累规模还是比较高的，子公司的业务规模对整个集团资产增长的贡献也是比较大的（上述结论是通过考察未分配利润、应付票据与应付账款得到的）。其他因素对集团总资产增长的贡献并不显著。

在企业的长期股权是通过并购方式获得的情况下，如果出现高商誉并购则可能导致控制性投资资产增长不多。考察一下母公司与合并报表长期股权投资以及合并报表的商誉项目及相关报表附注信息，我们看到：在2016年底，在60.46亿元的企业长期股权投资中，就包含了45.53亿元的商誉；到2017年底，这种状况更加突出：第一，2017年公司将包含18.85亿元的“对所持子公司Avazu Inc. 100%股权作价取得DotC United Inc. 30.58%的股权，减少非同一控制企业合并Avazu Inc.确认的商誉”。这种持股对象的变更让本来产生商誉的控制性长期股权投资变为不用纳入合并报表、不会显示商誉的对非控制性联营公司的投资！这种变化为未来计提减值准备中尽量减少商誉减值的计提提供了可能。第二，公司2017年进行了大手笔的多个并购，并据此新增商誉高达38.91亿元。一般来说，新产生的商誉不会迅速产生商誉减值损失，但并购商誉过大一定会降低企业控制性投资的资产扩张效果。

3. 母公司引资战略

在母公司132亿元的负债和股东权益中，占第一位的是股东入资（股本和资本公积合计约为 93 亿元)，其次是其他应付款（约为 20.63 亿元。由于信息披露的限制，我们不清楚业务规模不大的企业为什么有如此高的其他应付款。另外，从合并其他应付款与母公司其他应付款的差额约为 2.3 亿元，我们可以判断母公司对子公司的资金进行了一定程度的整合，但由于母公司期末货币资金拥有量远远低于合并报表的货币资金数据，我们可以判断母公司对子公司的资金整合力度可能并不强)，再次是债务融资（包括短期借款与应付债券，约 15 亿元)，最后是利润积累的贡献。

因此，母公司的引资战略是融资驱动型。

3.1.2　利润表所表现出来的财务绩效及其质量

由于母公司不从事经营活动，因此，从整个集团的业绩评价来看，只能通过对合并利润表的考察来进行。

从营业收入、营业利润、利润总额、净利润等常规性业务和盈利指标来看，天神娱乐 2017 年由于并购而使得上述指标均有较大幅度的增长，这一般意味着企业的业务发展、盈利状况均有朝好的方向发展的态势，并购成效较为显著。

此外，合并报表的投资收益较上年有较大幅度的提高，也意味着并购的财务成果较为理想。

但是，需要注意的问题是：在天神娱乐的毛利率提高的情况下，核心利润率却在下降，核心利润获现率持续低迷。虽然企业的投资收益数量增长了，但现金流量表中取得投资收益收到的现金的规模不仅比投资收益低，还比 2016 年有所下降。

一般而言，企业的核心利润率下降，或者意味着企业的各项费用率在提高，企业的综合管理能力需要提高；或者意味着企业产品的市场竞争力在下降。核心利润获现率长期低迷，既取决于企业的销售政策、行业惯例，更取决于企业产品的市场竞争力。而投资收益获现能力不强，则一般认为企业投资收益的质量不高。

更大的隐忧在于，企业通过大手笔的并购积累了巨额商誉。通过将包含商誉的长期股权投资变身为非控制性投资以及多年积累的商业债权，为企业未来全方位计提资产减值准备提供了可能。

3.1.3　现金流量结构

应该说，虽然企业合并报表的核心利润获现率并不高，但至少表明从整体上企业子公司的经营活动是有现金周转能力的。

2017 年无论是母公司现金流量表还是合并现金流量表，现金流量的主旋律都是通过筹资支持企业的投资活动，尤其是并购活动。实际上，整个集团在固定资产和无形资产方面的支出并不大。这可能意味着各个子公司年度内的产品或者业务结构变化不大，也可能意味着新并入的企业在固定资产和无形资产建设方面的作为不大，新并入的子公司基本上是在原有产品或业务基础上继续开展其经营活动。所以说，是企业的筹资活动支持了其投资活动。

3.2 天神娱乐2018年业务发展以及全方位计提资产减值准备的评析

1. 营业收入的大幅度萎缩

从我们前面对天神娱乐2017年的财务报表分析可以看出，天神娱乐2017年完成了几个较大的并购，并在2017年为企业的营业收入、核心利润、营业利润与利润总额等均做出了较大贡献。企业各方面的发展似乎“走在正确的道路上”。

但是，2018年营业收入以迅雷不及掩耳之势迅速萎缩，还是让人看不懂。常识告诉我们：作为专业公司和专业人士，在做出对并购对象的并购决策之前，一般要经历对被并购对象较长时间的各种评估，其中主要的评估是并购后要增加并购方持续而不是仅仅一年的业绩贡献，降低而不是增加并购方的风险。而这些被并购企业在短时间内集中出现营业收入（不是核心利润）跳水现象，这至少意味着并购当时对被并购企业的市场前景估计过于乐观。

这似乎说明，天神娱乐在战略决策上、在战略决策过程上存在需要改进的地方。

2. 全方位计提资产减值准备与预计负债

导致天神娱乐2018年利润出现巨额亏损、资产规模迅速缩水的诱因是前面案例资料中的各项资产减值准备和预计负债的计提。

虽然天神娱乐给出了非常正当的计提各项资产减值准备和预计负债的理由，但我们还是需要思考以下问题：第一，这些资产减值迹象是集中出现在2018年还是在过去几年已经陆续出现，天神娱乐为了维持以前年度的财务业绩而没有及时进行会计处理？第二，从业务规模的大幅度下滑到商业债权、投资资产和商誉等资产全面发生减值来看，天神娱乐的对外投资怎么会出现如此多的损失？各个子公司已有的经营活动应该面临巨大的困难和风险。这种困难和风险的跨越是应该寄希望于人力资源结构的调整，还是企业业务结构的调整，抑或是战略结构的调整？第三，天神娱乐出现如此大规模资产减值，减值的资产是谁投入的？答案是股东和债权人投入的。第四，这种从战略到经营、管理甚至公司治理等各方面均需要做出改变的公司，其投资价值在哪里？

专题 11　行业特征与企业财务报表分析

——东阿阿胶与长城汽车的比较

第 1 部分　案例资料

1.1　东阿阿胶

东阿阿胶的相关信息见附录 2 和专题 2 中的案例资料。

1.2　长城汽车

1. 财务报表

长城汽车股份有限公司（简称长城汽车）2016—2017 年度资产负债表、利润表和现金流量表见附录 5。

2. 公司基本业务情况

长城汽车及子公司的业务是汽车制造，主要经营范围为：汽车整车及汽车零部件、配件的生产制造、销售及相关售后服务；模具加工及制造；汽车修理；普通货物运输、专用运输（厢式）。

第 2 部分　行业特征与企业财务报表的分析要点

实际上，当我们关注一个企业属于什么行业时，往往只聚焦在这个企业提供什么样的产品或者劳务方面。当我们关注一个企业的行业特征时，应该更多关注个别企业报表。

对于合并报表而言，有时企业的子公司跨度很大，跨度很大的企业财务信息并入合并报表，将在很大程度上抹杀具有鲜活意义的个别企业的行业特征财务信息。

概括起来说，行业特征在财务报表上的表现有以下几个方面：

2.1 经营性非流动资产的“轻”或“重”

不同行业的经营活动有不同的资源要求。一般情况下，非流动资产的结构、非流动资产中固定资产与无形资产占资产总额的比重会在相当程度上体现出企业的行业特征。例如，以自有固定资产从事酒店经营的企业，其固定资产占非流动资产的权重往往较大，固定资产占资产总额的比重也会相对较高；轻工业制造企业（如食品加工企业）的固定资产配置相对不会太“重”，而钢铁企业的固定资产配置也不会太“轻”。

在一些新兴行业，由于特殊的业务类型，企业无形资产可能占非流动资产的比重较高。例如，在乐视网的经营性非流动资产中，包含大量各种知识产权的无形资产在经营性非流动资产中的占比就较高。

2.2 核心经营资产的周转速度与对应关系差异

这里的核心经营资产是指非流动资产中的固定资产与流动资产中的存货。

在以产品的生产销售为主要经营活动内容的条件下，由于行业的差异性，固定资产（原值）周转率会表现出显著的差异性（如钢铁制造企业的固定资产周转率与食品加工企业的固定资产周转率会有显著差异）；同样，由于行业的差异性，存货周转速度也会有显著不同（如食品加工企业与汽车制造企业的存货周转速度会有极其不一样的表现）。

在固定资产与存货的数量对应关系上，剔除企业间在市场中竞争地位的差异性以及企业内部资产管理质量差异的影响，固定资产与存货较为固定的对应关系在相当程度上会打上行业的烙印。例如，以固定资产和存货作为其核心经营资产的贵州茅台，其固定资产与存货之间的对应关系是一种长期大体稳定的关系；同样，以固定资产和存货作为其核心经营资产的格力电器，其固定资产与存货之间的对应关系则是另外一种长期大体稳定的关系。

2.3　资产结构与成本、费用结构

这里的成本是指制造企业的生产成本，费用是指制造企业利润表中的销售费用、管理费用和研发费用。显然，制造业企业的各种经营资产，首先在制造过程中转化为存货的生产成本，然后在销售后转化为利润表的营业成本；在固定资产、无形资产等项目支持企业的管理活动、营销活动与研发活动的情况下，企业的各种经营资产又会转化为企业的销售费用、管理费用和研发费用。

虽然企业的各种经营资产转化为营业成本、销售费用、管理费用和研发费用的规模和时间在相当程度上受固定资产折旧与无形资产摊销的会计政策影响，但经营资产的基本结构与规模对企业营业成本、销售费用、管理费用和研发费用中所包含的固定资产折旧与无形资产摊销的影响是至关重要的。

2.4　核心利润获现率的不同要求

我们曾经讨论过，核心利润获现率反映了企业核心利润的内在质量。对于一般性制造企业而言，核心利润获现率的经验值为 1.2～1.5。但是，对于那些非流动资产中固定资产与无形资产较“重”的企业，由于其成本和费用中所包含的固定资产折旧与无形资产摊销规模较大，需要企业经营活动产生的现金流量净额有更高的补偿能力。也就是说，对于非经营性流动资产规模较大的重资产类企业，核心利润获现率应该有更好的表现。

第 3 部分　案例评析

3.1　东阿阿胶

从企业对东阿阿胶自身生产经营的描述来看，东阿阿胶主要从事阿胶及阿胶系列产品的研发、生产和销售业务。公司主要产品包括阿胶、复方阿胶浆与阿胶糕。

显然，这样的产品结构决定了东阿阿胶的非流动资产不可能太“重”，即该公司的产品生产不需要巨大的固定资产和无形资产投入。与此同时，受东阿阿胶产品特征、营销政策、市场竞争态势的影响，东阿阿胶的存货周转速度也不会太快。

由于东阿阿胶的固定资产、无形资产占比相对不高，上述资产转化为存货生产成本、销售费用、管理费用以及研发费用的规模一般也不会太大，核心利润获现率如果能够保持在1.2～1.5的水平就很好了。比较遗憾的是，东阿阿胶的核心利润获现率并不高。

3.2 长城汽车

长城汽车主要从事汽车制造，包括汽车整车及汽车零部件、配件的生产制造、销售及相关售后服务，模具加工及制造等。

显然，这样的产品结构决定了长城汽车的非流动资产不可能太“轻”，即长城汽车的产品生产需要较高的固定资产和无形资产投入。与此同时，受长城汽车产品特征、营销政策、市场竞争态势的影响，长城汽车的存货周转速度不能太慢。

由于长城汽车的固定资产、无形资产占比相对较高，上述资产转化为存货生产成本、销售费用、管理费用以及研发费用的规模就会比较大，核心利润获现率就需要有更高的水平。比较遗憾的是，长城汽车的核心利润获现率表现更差：在核心利润远大于零的情况下，企业的经营活动产生的现金流量净额居然为负数。

总结：上述两个案例素材很好地说明了行业特征给企业财务报表所打上的烙印。至于具体数据计算，请读者自行完成。

名师案例：分行业报表分析专题

1. 航空业特点案例分析： 中国国航
2. 房地产业特点案例分析： 万科
3. 汽车行业特点案例分析： 一汽轿车
4. 互联网行业案例分析： 迅游科技

专题 12 企业财务状况整体分析
——汤臣倍健

第 1 部分 案例资料

1.1 财务报表

汤臣倍健股份有限公司（简称汤臣倍健）2017—2018 年度资产负债表、利润表和现金流量表见附录 6。

1.2 公司基本情况

公司注册地址：广东省珠海市金湾区三灶科技工业园星汉路 19 号。

总部办公地址：广东省广州市科学城科学大道中 99 号科汇金谷 3 街 3 号。

主要经营活动：公司属于膳食营养补充剂制造行业，主要从事膳食营养补充剂的生产销售。

1.3 审计报告审计意见与关键审计事项

2019 年 2 月 27 日，广东正中珠江会计师事务所（特殊普通合伙）对汤臣倍健 2018 年度财务报告出具了广会审字［2019］G18033400016 号无保留意见的审计报告。其中的审计意见和关键审计事项如下：

1. 审计意见

我们审计了汤臣倍健股份有限公司的财务报表，包括 2018 年 12 月 31 日的合并及母公司资产负债表、合并及母公司利润表、合并及母公司现金流量表、合并及母公司股东权益变动表以及相关财务报表附注。

我们认为，财务报表在所有重大方面按照企业会计准则的规定编制，公允反映了汤臣倍健2018年12月31日的财务状况以及2018年度的经营成果和现金流量。

2. 关键审计事项

关键审计事项是我们根据职业判断，认为对本期财务报表审计最为重要的事项。这些事项的应对以对财务报表整体进行审计并形成审计意见为背景，我们不对这些事项单独发表意见。

（1）收入确认。

1）事项描述。如财务报表附注三“收入确认方法”和附注五（37）“营业收入和营业成本”所述，2018年度汤臣倍健合并报表营业收入为43.51亿元，较2017年度营业收入增加12.40亿元，增长幅度为39.86%。由于收入增幅为汤臣倍健授予限制性股票激励计划的业绩考核指标且对总体财务报表影响重大，故将收入确认作为关键审计事项。

2）审计应对。我们针对收入确认所实施的主要审计程序包括但不限于：

● 测试有关收入循环的内部控制的设计和执行，以确认内部控制的有效性。

● 执行分析性复核程序，对比分析收入的月份、年度、分产品、分客户的变化，分析主要产品的售价、成本及毛利变动。

● 获取汤臣倍健与经销商签订的经销协议，对合同关键条款进行核实，如发货及验收、付款及结算、换货及退货政策等。

● 通过查询经销商的工商资料，询问相关人员，以确认经销商与汤臣倍健是否存在关联关系；通过了解经销商的变动情况，了解双方的合同执行情况、经销商的合理库存、终端销售情况等。

● 获取汤臣倍健供应链系统中退换货的记录并进行检查，确认是否存在影响收入确认的重大异常退换货情况。

● 抽样检查销售订单、发货单据、运输单据、定期对账函、银行回单等资料。

● 向经销商函证确认销售额及货款结算余额，对大额经销商实地访谈。

● 执行销售收入的截止性测试。

（2）商誉的减值测试。

1）事项描述。如财务报表附注五（15）“商誉”所述，截至2018年12月31日，合并报表商誉为21.66亿元，占合并报表总资产的22.12%，全部系2018年8月非同一控制下企业合并澳洲Life-Space Group Pty Ltd（简称“LSG”）形成。汤臣倍健需每年按照资产组的预计未来现金流量及折现率计算现值，确定可收回金额，进行商誉减值测试。由于商誉的减值测试需要评估相关资产组预计未来现金流量的现值，涉及管理层的重大判断和估计，故将商誉的减值测试作为关键审计事项。

2）审计应对。

● 了解与商誉减值测试相关的关键内部控制。

● 评价管理层编制的 LSG 收益法测算表，将测算表所包含的财务数据与实际经营数据和未来经营计划、经管理层批准的预算对比，评估测算表数据的合理性。

● 利用中联资产评估集团有限公司 2019 年 2 月 27 日出具的《汤臣倍健股份有限公司商誉减值测试所涉及的 Life - Space Group Pty Ltd 含商誉资产组资产评估报告》（中联评报字［2019］第 152 号），评价估值专家的工作结果或结论的相关性和合理性，工作结果或结论与其他审计证据的一致性，估值专家的工作涉及使用重要的假设和方法，这些假设和方法在具体情况下的相关性和合理性，分析利用专家工作进行减值测试的合理性。

● 根据中联资产评估集团有限公司出具的重新计算商誉减值测试相关资产组的可收回金额并与包括商誉在内的可辨认资产组的账面价值进行比较，判断是否需要计提商誉减值准备。

（3）销售费用的完整性。

1）事项描述。如附注五（39）“销售费用”所述，2018 年度合并报表销售费用为 12.80 亿元，占营业收入的比例为 29.42%，由于销售费用可能因为报销不及时、计提不完整而导致当期费用少记，且当期销售费用金额重大，故作为关键审计事项。

2）审计应对。我们针对销售费用发生确认执行的审计程序主要有：

● 了解、评估并测试了与销售费用发生相关的内部控制。

● 计算分析各月份各费用占比，并与上年同期进行比较，判断变动合理性。

● 从合同台账中获取各销售渠道的主要客户销售合同，关注渠道费用的相关约定。

● 从合同台账中获取广告合同，将合同金额与账面已发生的广告费核对。

● 了解市场推广基金及广告费的计提，并进行测算，与企业计提数进行核对。

● 执行销售费用的截止性测试，抽查期后大额费用发生凭证，检查跨期现象。

1.4 本期发生的非同一控制下企业状况

1. 非同一控制下企业状况见表 12-1

表 12-1 非同一控制下企业状况 单位：元

被购买方名称	股权取得时点	股权取得成本	股权取得比例	股权取得方式	购买日	购买日的确定依据	购买日至期末被购买方的收入	购买日至期末被购买方的净利润
Life - Sapce Group Pty Ltd	2018-08-30	3 332 592 375.00	100%	现金支付	2018-08-30	股权交割日	272 689 640.00	2 502 733.00

2. 交易对价的支付

本次收购 LSG 的交易对价由广州佰盛的境外平台公司澳洲佰盛以现金支付，澳洲佰盛以 669 208 694 澳元（按照当日人民币兑澳元汇率 4.979 9 折算为人民币 3 332 592 375元）的现金对价交割。

3. 合并成本与商誉见表 12-2

表 12-2 合并成本与商誉 单位：元

合并成本	LSG
合并成本合计	3 332 592 375.00
减：取得的可辨认净资产公允价值份额	1 097 405 642.00
商誉	2 235 186 733.00

1.5 年度报告中企业披露的风险因素

汤臣倍健年度报告中披露的风险因素包括产品质量和食品安全风险、政策风险、原料采购对主要产品销售的风险、销售区域不断扩大的管控风险、行业竞争加剧的风险、新业务与新项目的风险、跨境收购完成后的整合风险和商誉减值的风险等八项。

1.6 合并报表主要资产重大变化情况

合并报表主要资产重大变化情况见表 12－3。

表 12－3 汤臣倍健合并报表主要资产重大变化情况

资产项目	变化情况
股权资产	长期股权投资期末余额为 25 039.54 万元，较年初余额增加 70.42%，主要为新增对广州为来卓识股权投资基金合伙企业（有限合伙）的长期股权投资所致。
无形资产	无形资产期末余额为 156 293.18 万元，较年初余额增加 749.93%，主要为并购 LSG 产生的商标及品牌经营权和客户关系所致。
在建工程	在建工程期末余额 6 194.50 万元，较年初余额增加 509.78%，主要为营养探索馆建设和待安装设备增加所致。

1.7 年度报告中关于报告期内经营情况的表述

2018 年汤臣倍健根据既定的年度经营计划指引，进一步夯实大单品战略，实施电商品牌化 2.0 战略等，大单品、电商品牌化等战役均取得显著效果，为公司赢得新的增长机会。报告期内，汤臣倍健先后收购拜耳旗下具有 70 多年历史的儿童营养补充剂品牌“Penta－vite”业务资产、澳大利亚从事益生菌产品的生产和销售企业 Life－Space Group Pty Ltd，不断完善公司的品牌矩阵，丰富产品线。报告期内，汤臣倍健实现营业收入 43.51 亿元，较上年同期增长 39.86%；归属于上市公司股东的净利润 10.02 亿元，较上年同期增长 30.79%。汤臣倍健旗下拥有多个品牌，其中主品牌“汤臣倍健”实现营业收入 29.82 亿元，同比增长 24.39%；“健力多”品牌实现营业收入 8.09 亿元，同比增长 128.80%；LSG 并表营业收入 2.73 亿元。同时汤臣倍健致力于拓展国际化市场和发展多元化渠道，2018 年公司境外业务收入贡献占比 6.84%，境内业务收入贡献占比 93.16%。其中境内业务方面，药店、商超、母婴店等线下渠道收入占境内收入的八成左右，同比增长超 35%；线上渠道收入占境内收入的两成左右，因报告期内健之宝公司业务清算，扣除健之宝业务之外线上渠道收入同比增长超 45%。汤臣倍健资产质量良好，财务状况健康，已成为中国膳食营养补充剂领导品牌和标杆企业。

1.8 占公司营业收入或营业利润10%以上的产品或地区情况

1. 分产品见表12－4

表12－4 汤臣倍健营业收入分产品情况 单位：元

分产品	营业收入	营业成本	毛利率	营业收入比上年同期增减	营业成本比上年同期增减	毛利率比上年同期增减
片剂	1 943 343 522.43	449 425 682.55	76.87%	41.62%	49.47%	−1.21%
粉剂	804 381 138.51	352 724 204.82	56.15%	14.91%	15.82%	−0.34%
胶囊	1 032 542 902.06	343 336 815.79	66.75%	44.69%	42.93%	0.41%
其他	570 508 064.15	261 435 028.36	54.18%	75.55%	46.29%	9.17%
合计	4 350 775 627.15	1 406 921 731.52	67.66%	39.86%	37.38%	0.59%

2. 分地区见表12－5

表12－5 汤臣倍健营业收入分地区情况 单位：元

分地区	营业收入	营业成本	毛利率	营业收入比上年同期增减	营业成本比上年同期增减	毛利率比上年同期增减
境内	4 052 978 380.98	1 257 172 998.87	68.98%	30.29%	22.75%	1.90%
境外	297 797 246.17	149 748 732.65	49.71%	0.00%	0.00%	49.71%
合计	4 350 775 627.15	1 406 921 731.52	67.66%	39.86%	37.38%	0.59%

1.9 主要费用变化情况

主要费用变化见表12－6。

表12－6 汤臣倍健主要费用变化 单位：元

项目	2018年	2017年	同比增减	重大变动说明
销售费用	1 280 078 079.79	973 267 003.24	31.52%	报告期内销售费用128 007.81万元，较上年同期增长31.52%，主要为报告期随着销售增长导致品牌投入及工资薪金增加所致。

续前表

项目	2018年	2017年	同比增减	重大变动说明
管理费用	400 911 499.60	228 761 749.46	75.25%	报告期内管理费用40 091.15万元，较上年同期增长75.25%，主要为报告期折旧摊销及存货损失增加所致。
财务费用	−21 200 744.40	−46 227 640.18	−54.14%	报告期内财务费用−2 120.07万元，较上年同期下降54.14%，主要为报告期并购贷款产生的利息支出所致。
研发费用	103 489 887.46	77 263 741.28	33.94%	报告期内研发费用10 348.99万元，较上年同期增长33.94%，主要为报告期研发投入增加所致。

1.10　资产减值损失

资产减值损失见表12-7。

表12-7　　汤臣倍健资产减值损失　　单位：元

项目	2018年度	2017年度
应收账款坏账准备	−398 624.84	6 886 499.78
其他应收款坏账准备	767 226.95	108 331.37
无形资产减值损失	41 777 777.79	—
存货跌价准备	20 855 302.56	4 386 288.06
可供出售金融资产减值准备	26 000 000.00	52 971 000.00
合计	89 001 682.46	64 352 119.21

第2部分　企业财务状况整体分析要点

在本书前面的讨论中，我们主要关注的是基于战略视角的企业财务状况的分析问题。对企业财务状况的整体分析也主要集中在利用三张基本财务报表对企业战略信息进行挖掘，分析企业经营资产管理与竞争力，分析企业面临的风险，并对企业未来的财务前景进行预测。

按照这样的思路，我们可以按照表12－8所示的几个主要步骤来进行分析。

表12－8

步骤	分析内容
1	表外因素的了解
2	企业年度内的财务状况总体概览
3	企业战略信息分析
4	企业经营资产管理与竞争力分析
5	企业风险分析
6	企业发展前景预测

第3部分　案例评析

3.1　表外因素的了解

案例中提供的信息摘自汤臣倍健公开发布的2018年度的信息。在信息的选择中，我们为了方便分析进行了必要的组合。更全面的信息，读者可以参阅该公司的年度报告原文。从本书采集的信息来看，至少应该关注的表外因素有：

1. 汤臣倍健所处的行业和主要产品

从采集的信息来看，汤臣倍健属于膳食营养补充剂制造行业，主要从事膳食营养补充剂的生产销售。

2. 汤臣倍健在市场上的变化

过去一年，从整体上市场是往前发展的：汤臣倍健通过并购，在保持原有竞争优势的同时，强化了企业的市场竞争力。

3. 审计报告措辞

会计师事务所出具的审计报告是标准无保留意见的审计报告，这意味着，第一，注册会计师对汤臣倍健的会计处理没有重大意见分歧；第二，至少在注册会计师看来，汤臣倍健的会计处理及会计信息质量是符合会计准则要求的。

3.2 汤臣倍健年度内的财务状况总体概览

3.2.1 资产负债表

1. 资产的规模变化

在资产方面，母公司资产负债表显示，汤臣倍健资产总额从年初的约57亿元增加到年末约70亿元，资产总额有显著增长；合并资产负债表显示，整个集团资产总额从年初约61亿元增加到年末约98亿元，资产总额也有显著增长。母公司与整个集团资产均有显著增长，显示出汤臣倍健可以利用的资源在迅速增加。

2. 负债和股东权益的规模变化

（1）母公司负债和股东权益的规模变化。

在负债方面，母公司资产负债表显示，汤臣倍健的流动负债中没有短期借款。经营性负债总体有所增加，主要由应付票据与应付账款、预收款项和应交税费等引起，显示母公司的经营业务可能出现了一定程度的增长（经营性流动负债的规模是企业业务规模的反映）。汤臣倍健的流动负债全部为经营性负债，反映出母公司不需要贷款来发展自身日常经营活动的状况。

在非流动负债方面，汤臣倍健新增了长期借款4.1亿元。这种贷款的增加应该是应用于长期投资或者非流动经营资产的建设。

母公司的股东权益显示，汤臣倍健的股本和资本公积的规模基本稳定，说明年度内公司既没有发行股票，也没有通过利润分配增加股本。引起股东权益年末比年初增加的项目主要是盈余公积和未分配利润项目。

概括起来说，母公司年内资产总额的增长，是由于母公司的日常经营业务发展导致经营性负债增加、企业举借长期贷款以及企业利润等因素引起的。

（2）整个集团（合并报表）负债和股东权益的规模变化。

在负债方面，合并资产负债表显示，汤臣倍健的短期借款、长期借款有了显著增加，说明母子公司在整体上有增量贷款。经营性负债总体也有所增加，说明除了母公司的经营业务出现了一定程度的增长，子公司的经营业务也出现了一定程度的增长（实际上，新增加的并购也会增加子公司对企业集团整体经营性负债的贡献）。年度内负债总额增加了约19亿元，主要由上述两个因素引起。

合并报表中的“归属于母公司所有者权益”显示，引起其年末余额比年初余额增加的项目主要是盈余公积和未分配利润。说明年度内除了母公司盈利外，子公司在整体上也是盈利的。

需要注意的是，与母公司资产负债表不同的是，合并资产负债表的股东权益部分增加了一项“少数股东权益”，反映子公司的非控制性股东对子公司股东权益的应享份额。从规模看，归属于母公司所有者权益约56亿元，少数股东权益约13亿元（远大于期初数字），说明子公司的非控制性股东对子公司净资产的贡献是比较大的。

概括起来，合并报表年内资产总额的增长，是由母子公司的借款、母子公司的经营、母子公司的利润积累以及子公司非控制性股东的贡献等因素共同推动的。

3.2.2 利润表

1. 母公司利润表的变化

从母公司的营业收入2018年与2017年的数据差异，从母公司营业成本、销售费用、管理费用（由于披露方式问题，2018年管理费用加上研发费用与2017年的管理费用口径一致）等项目2018年与2017年的数据差异看，母公司的各个项目均处于稳步发展的阶段。由于在母公司的利润总额构成中，投资收益的规模较小，因此，母公司利润总额的主体是核心利润。

从上述财务数据看，上市公司各个方面的运转基本正常。

2. 合并利润表的变化

2018年度汤臣倍健有新的并购行为发生，从合并利润表2018年与2017年的数据差异上看，无论是营业收入，还是营业成本、销售费用、管理费用、资产减值损失等项目，整个集团的各个项目均处于增速发展的阶段。

由于在合并利润总额构成中，其他收益、投资收益以及营业外收入等项目的规模均很小，因此，整个集团利润总额的主体是母子公司贡献的核心利润。

从上述财务数据看，汤臣倍健集团各个方面的运转基本正常。

3.2.3 现金流量表

1. 母公司现金流量表的变化

母公司经营活动产生的现金流量净额与2017年相比有了长足的增长，这说明母公司的日常经营活动可以在不融资情况下实现顺畅周转。投资活动现金流入量的主体是收回投资收到的现金，投资活动产生的现金流出量的主体连续两年均是投资支付的现金，显示汤臣倍健在对外投资方面较为活跃。同时需要注意的是，汤臣倍健的投资活动产生的现金流出量中，连续两年购建固定资产、无形资产和其他长期资产支付的现金并不多，显示母公司在固定资产、无形资产所构成的生产经营体系方面已基本构建成形，经营规模较为稳定。不多的购建固定资产、无形资产和其他长期资产支付的现金可能是用来优化或者夯实母公司自身的生产经营能力。

母公司经营活动产生的现金流量净额与投资活动产生的现金流量净额之和虽然为负数，但并未引起较大的资金缺口，这意味着母公司不太需要大规模贷款。

筹资活动现金流入量中只有一项“取得借款收到的现金”，与资产负债表增加的长期借款相吻合。这再次印证了从资产负债表结构变化分析中所得出的企业债务融资支持非流动资产的分析结论。

颇有意义的筹资活动产生的现金流出量为“分配股利、利润或偿付利息支付的现金”，连续两年规模均较大，应该是由企业分红、支付现金股利所引起。

从整体上看，母公司现金流量较为充足，货币资金周转较为顺畅。

2. 合并现金流量表的变化

与母公司现金流量表的结构相类似，从合并现金流量表的基本态势来看，整个集团经营活动产生的现金流量净额比 2017 年有显著增加。投资活动产生的现金流量净额 2018 年出现了较大的负数，主要原因是取得子公司及其他营业单位支付的现金以及购建固定资产、无形资产和其他长期资产支付的现金，显示子公司有较大规模的对外扩张和购建固定资产、无形资产活动，这应该理解为企业正在持续不断扩张和强化自身的生产经营能力。

需要注意的是，合并经营活动产生的现金流量净额与投资活动产生的现金流量净额之和远远小于零，这意味着整个集团需要通过大规模融资来维持正常的资金周转。

果然，合并现金流量表中筹资活动现金流量中的吸收投资收到的现金（子公司吸收少数股东投资收到的现金）和取得借款收到的现金均有较大规模的现金流入，这种筹资活动有效弥补了本年度的资金缺口。

此外，筹资活动现金流量中分配股利、利润或偿付利息支付的现金连续两年规模较大，应该是由母子公司向股东分红、支付现金股利所引起。

从整体上看，整个集团现金流量也较为充足，货币资金周转基本顺畅，是大规模的筹资活动支持了整个集团的扩张需求。

3.2.4　财务状况的整体初步评价

从资产的规模与支持动力来看，母公司与整个集团的资产总额均在显著增长，且支持资产增长的主要动力较为均衡：既有母子公司的经营活动、债务筹资活动与母子公司的利润积累，也有吸纳子公司非控制性股东的入资。汤臣倍健的市场规模在扩大，盈利能力在提高，企业现金流转顺畅，母公司和子公司连续不断强化生产经营的固定资产与无形资产的能力建设，整个集团处于业务推动发展的良性进程中。

这仅仅是对汤臣倍健财务状况的整体初步判断，更为全面的分析请参看下面的内容。

3.3 汤臣倍健企业战略信息分析

资产负债表、利润表和现金流量表均包含丰富的企业战略信息。

3.3.1 资产负债表与企业战略信息

我们在前面已经讨论过，利用资产负债表对企业战略信息进行挖掘，以母公司资产负债表和合并资产负债表信息为依据，可以进行下列分析：第一，识别企业的发展战略和对外控制性投资的资产扩张效应；第二，识别企业的资本引入战略；第三，识别企业集团的融资管理方式；第四，识别企业集团的货币资金管控模式。

1. 汤臣倍健的发展战略和对外控制性投资的资产扩张效应

（1）汤臣倍健的发展或扩张战略。

企业发展战略的识别是以母公司资产结构为依据来进行的。从汤臣倍健母公司资产结构看，2018年12月21日资产总额为69.48亿元。其中，典型的投资资产“长期股权投资”的规模23.84亿元，而可能包含控制性投资的资产项目如其他应收款为5.44亿元（母公司与合并其他应收款的差额为5.32亿元，为母公司向子公司提供资金的规模，属于控制性投资范畴）、预付款项0.21亿元（合并报表预付款项远远大于母公司数据，可以排除其投资色彩）、划分为持有待售的资产1.6亿元（应属于投资资产）、其他流动资产为9.66亿元（应该包含部分短期投资如理财等）、其他非流动资产等0.19亿元（且与合并报表相同项目之间的数量关系是“越合并越大”，可以排除其投资资产的色彩）。这说明，母公司的投资资产与经营资产与资产总额的比较为均衡，似乎汤臣倍健所采取的发展或者扩张战略是经营与投资并重型。

但是，如果我们进一步考察汤臣倍健上述投资资产的结构，就会发现：除了长期股权投资与其他应收款中具有投资色彩的部分资产，其他项目如划分为持有待售的资产和其他流动资产中的理财等，虽属于投资资产，但不具有战略意义。

因此，从具有战略意义的资产结构来看，母公司的控制性投资资产还是小于经营性资产，母公司在扩张战略上仍然属于经营主导性。但由于汤臣倍健的长期股权投资规模在迅速增加，如果汤臣倍健进一步对外增加控制性投资，很快会发展到经营与投资并重或者投资主导的发展战略上来。

（2）对外控制性投资的扩张效应。

实际上，母公司与控制性投资有关的项目是两项，一项是长期股权投资，一项是其他应收款。

母公司长期股权投资项目的金额与合并长期股权投资项目的金额之差为 21.34 亿元（23.84－2.50），母公司其他应收款的金额与合并其他应收款的金额之差为 5.31 亿元（5.44－0.13）。两者之和为 26.65 亿元。这就是母公司控制性投资的基本规模。

而合并资产总额与母公司资产总额之间的差额为 28.42 亿元（97.90－69.48）。也就是说，母公司用 26.65 亿元的投资，获得了 28.42 亿元子公司的资产增长。

一般来说，母公司的控制性投资获得这样的资产扩张还是不错的。

进一步通过合并利润表与母公司利润表的比较不难看出，这种资产扩张效应使得母公司在资产负债表中资产结构上所体现出的经营主导型战略，具体体现为子公司拥有相当规模的业务和市场能力。

2. 汤臣倍健的资本引入战略

（1）母公司的资本引入战略。

我们在前面分析负债与股东权益变化的内容，实质上就是对母公司资本引入战略的分析。概括起来，就是母公司年内的资本引入战略是均衡利用各种合作资源，通过母公司的日常经营业务发展导致经营性负债增加，再加上企业举借长期贷款以及企业利润积累等因素共同向企业提供所需资本。

（2）集团的资本引入战略。

合并报表的情形与母公司报表类似，我们已经在前面做过分析。概括起来，就是整个集团年内的资本引入战略也是均衡利用各种合作资源，通过母公司的日常经营业务发展导致经营性负债增加，再加上企业举借长期贷款、母子公司利润积累以及吸纳子公司非控制性股东入资等因素共同向汤臣倍健提供所需资本。

3. 汤臣倍健企业集团的债务融资管理

以现有的报表信息为基础，我们看到，汤臣倍健的借款既有母公司完成的，也有子公司完成的，但借款规模主要集中在子公司。这说明，在现有条件下，母子公司在债务融资的管理上采用的是分权管理方式。

4. 汤臣倍健企业集团的货币资金管理

母公司的其他应付款小于合并其他应付款，且母公司货币资金显著小于合并货币资金。也就是说，没有明显迹象表明母公司对子公司货币资金进行了集中管理。此外，无论是年初还是年末，母公司其他应收款均表现为“越合并越小”的显著关系。这说明母公司确实有通过其他应收款项目向子公司直接提供资金的管理安排。母公司与子公司在货币资金管理上很可能采取集权与分权相结合的管理方式。

3.3.2 利润表与企业战略信息

1. 产品结构的战略内涵

从汤臣倍健分产品的营业收入以及毛利率的信息来看，汤臣倍健四大类产品的毛利率均较高，且2018年各类产品的营业收入均出现了不同程度的增长。

这种良好的态势表明汤臣倍健的产品在市场上拥有相当的竞争优势，即可以持续提供具有较高毛利水平的产品。

虽然分产品毛利率的变化各有不同，但整体上看汤臣倍健仍保持了较高的毛利率水平。

这种产品的结构信息对汤臣倍健未来产品结构的调整意义重大：从提高盈利能力的角度来看，汤臣倍健应该在销售组合上继续努力，力争使综合毛利率迈上一个新的台阶。

2. 市场结构的战略内涵

从我们能够收集的汤臣倍健市场结构方面的信息来看，汤臣倍健的市场被区分为境内市场和境外市场。

主营业务分地区信息显示，汤臣倍健的营业收入主要集中在国内市场，占整个集团营业收入的绝大部分。国内市场不仅规模大，且毛利率也显著高于国外市场。

这种分地区的市场结构信息对汤臣倍健未来的市场区域布局意义重大：汤臣倍

健应该在具有市场潜力的地区增加投资，提高汤臣倍健整体在地区间的协调发展。

3. 营业成本与毛利率见表 12-9

表 12-9

单位：元

	2018 年	2018 年	2017 年	2017 年
报告期	年报	年报	年报	年报
报表类型	合并报表	母公司报表	合并报表	母公司报表
营业收入	4 350 775 627.15	2 833 823 758.05	3 110 795 387.73	2 053 555 396.54
营业成本	1 406 921 731.52	1 286 961 696.55	1 024 145 480.92	966 298 467.97
毛利	2 943 853.895.63	1 546 862 061.50	2 086 649 906.81	1 087 256 928.57
毛利率	67.66%	54.59%	67.08%	52.95%

从汤臣倍健毛利率的发展态势来看，在汤臣倍健整体营业收入出现增长的情况下，无论是母公司还是整个集团，毛利率均有所提高。

由于上述成绩的取得是在 2018 年所发生的企业并购行为的基础上实现的，说明汤臣倍健在并购对象的选择上关注了被并购企业的产品毛利率情况。从信息表现出来的内容来看，被并购企业产品的毛利率与汤臣倍健原有的产品毛利率处于一个水平。

4. 销售费用、管理费用与研发费用

从合并报表显示的企业销售费用的总体规模看，汤臣倍健的销售费用有较大幅度增长（同比增加 31.52%），与汤臣倍健业务发展的态势保持一致。从汤臣倍健对销售费用变化的说明看，汤臣倍健的解释是“主要为报告期随着销售增长导致品牌投入及工资薪金增加所致”。这意味着，汤臣倍健在营销资源的投入上，主要集中在对销售队伍的薪酬政策设计以及市场品牌的拓展方面，即将人—品牌拓展—市场规模—企业效益的系统协调关系作为营销管理的主线。

从年度间销售费用率的比较来看，汤臣倍健合并报表显示出来的销售费用率有所下降，表明子公司整体的销售有效性在增强。

从管理费用的构成看，2017 年以前管理费用中占据较大比例的是职工薪酬、研究与开发支出和管理机构或部门的折旧与摊销费用。为增加可比性，我们在比较年度间管理费用率时，仍然将 2018 年度的研发费用计入管理费用。

从合并报表显示的汤臣倍健管理费用的总体规模上看，汤臣倍健包含研发费用的管理费用在年度间有较大增长，保持了与企业业务发展相一致的态势。

汤臣倍健对管理费用增加的解释是“主要为报告期折旧摊销及存货损失增加所致”。

这说明，与汤臣倍健管理机构有关的固定资产与无形资产等软硬件技术装备水平在提高，汤臣倍健未来管理水平的提高是可期待的。

从管理费用率的角度来看，在母公司同口径管理费用率下降的情况下，合并报表的管理费用率较2017年显著增加。这意味着子公司的管理费用规模和结构可能存在一定的优化空间。

从研发费用的结构比较来看，汤臣倍健的研究与开发支出主要发生在母公司。当然，母公司的研究与开发未必只与母公司的产品经营和市场开拓有关，可能与整个集团的产品和市场有关。所以，单纯比较母公司与合并报表的研发费用率是难以说明相关差异背后的原因的。

5. 利润结构与资产结构

母公司利润表显示，在汤臣倍健的利润总额中，核心利润起到了“中流砥柱”的作用。合并利润表显示，在其利润总额中，核心利润也是占据主导地位的，其他因素对利润总额的贡献很小。

这说明，从整个集团来看，合并报表的利润结构与合并报表的资产结构是高度一致的（因为合并资产中的投资资产并不多）。这说明汤臣倍健的资源配置、市场开拓与效益的关系处在整体协调的进程中。

6. 利润结构与现金流量结构

为了分析汤臣倍健利润结构与现金流量结构之间的关系，我们关注一下核心利润获现率与投资收益获现率，见表12-10。

表12-10

	2017年	2017年	2016年	2016年
报告期	年报	年报	年报	年报
报表类型	合并报表	母公司报表	合并报表	母公司报表
核心利润获现率	1.21	1.31	1.18	1.04
投资收益获现率	1.03	1.05	0.22	0.19

表12-10的数据显示，无论是母公司报表还是合并报表，汤臣倍健的核心利润获现率均有所改善。这表明母子公司核心利润获得现金流量的能力在逐步增强。

在投资收益获现率方面，2018 年出现了极大改善。虽然投资收益与取得投资收益收到的现金之间的口径并不一致，但较高的投资收益获现率仍然是汤臣倍健投资收益质量较好的表现。

因此，从利润结构与现金流量结构来看，汤臣倍健 2018 年核心利润、投资收益获取现金流量的能力都是较强的。

3.3.3 现金流量表与企业战略信息

前面的相关讨论中已经涉及这方面的问题了。这里再强调一点，从合并报表的整体态势来看，无论是母公司还是子公司，其经营活动产生现金流量的能力均较强，可以满足汤臣倍健经营活动的资金需求。除此之外，汤臣倍健经营活动的现金流量净额还可以支持汤臣倍健投资活动的需要——扩大母子公司的市场经营能力。

3.4 汤臣倍健经营资产管理与竞争力分析

3.4.1 母公司表现出的经营资产管理与竞争力分析

1. 营运资本管理与企业竞争力

从母公司营运资本的结构来看，具有投资和集团资金管理色彩的其他应收款是存在的，但规模不是很大。母公司不存在巨额其他应付款，应该没有进行子公司的资金整合。汤臣倍健没有短期借款等债务融资活动。此外，流动资产中还有两项没有战略意义的投资性项目——划分为持有待售的资产和其他流动资产。

(1) 其他应收款与集团资金管理。

刚刚谈到，母公司的流动资产与流动负债中，具有投资和集团资金管理色彩的其他应收款是存在的，但规模不是很大。

因此，从母公司报表的信息来看，母公司与子公司在资金管理上采取的是分权管理方式。这与我们前面的结论是一致的。

(2) 存货管理与竞争力。

为进行存货质量与存货周转管理的分析，我们计算了汤臣倍健存货周转速度并展示前面计算出来的毛利率信息（计算平均存货时，我们用到了汤臣倍健 2017 年报信息），见表 12 - 11。

表 12-11　汤臣倍健部分项目　单位：元

	2018	2018	2017	2017
报告期	年报	年报	年报	年报
报表类型	合并报表	母公司报表	合并报表	母公司报表
营业收入	4 350 775 627.15	2 833 823 758.05	3 110 795 387.73	2 053 555 396.54
营业成本	1 406 921 731.52	1 286 961 696.55	1 024 145 480.92	966 298 467.97
毛利	2 943 853.895.63	1 546 862 061.50	2 086 649 906.81	1 087 256 928.57
毛利率	67.66%	54.59%	67.08%	52.95%
平均存货＝(年初数＋年末数)/2	546 798 181.30	324 351 299.65	380 698 352 01	256 601 549.14
存货周转率＝营业成本/平均存货	2.57（次/年）	3.97（次/年）	2.69（次/年）	3.77（次/年）

1）存货周转速度与企业竞争力。

母公司的数据显示，2018年母公司的存货周转速度比2017年快了，这种加快还伴随着营业收入增长和毛利率的提高。这应该说明母公司产品的市场竞争力在增强。

合并报表的数据显示，整个集团的存货周转速度有所放缓，这种放缓还伴随着营业收入显著增长和毛利率的小幅提高。考虑到母公司的情况（母公司的毛利率提升了整个集团的毛利率），集团内子公司应该存在个别企业的毛利率下降、存货周转速度下降的情况。

从整体来看，汤臣倍健的存货周转与毛利率状况还是不错的。

2）存货毛利率的变化与竞争力。

母公司的数据显示，汤臣倍健的存货毛利率呈现出略有增加的态势。一般来说，毛利率提高是产品市场竞争力增强的表现。

3）存量存货自身的质量。

先看一下合并财务报表附注中期末存货的相关信息，其中存货构成见表12-12。

表 12-12　汤臣倍健存货构成　单位：元

项目	账面余额	跌价准备	账面价值
产成品	343 657 079.88	26 542 246.17	317 114 833.71
原材料	290 896 328.39	—	290 896 328.39
半成品	24 798 266.74	—	24 798 266.74
包装材料	13 657 363.98	—	13 657 363.98
委托代销产品	22 157 609.17	—	22 157 609.17
低值易耗品	2 868 674.89	—	2 868 674.89
合计	698 035 323.05	26 542 246.17	671 493 076.88

存货跌价准备明细见表 12－13。

表 12－13 汤臣倍健存货跌价准备 单位：元

项目	2017－12－31	本期增加	企业合并增加	2018－12－31
产成品	4 408 704.61	20 855 302.56	1 278 239.00	26 542 246.17

关于存货质量，可以从两个方面来考虑：

第一，存货的规模和结构变化。由于期末存货中，母公司存货占据了较大比重，因此，合并报表的结构信息可以用来解释母公司存货的结构和规模变化。从结构来看，在期末存货中，产成品（期初产成品为 302 336 636.30 元）和原材料（期初原材料为 93 460 656.15 元）占了绝大部分。我们据此可以推断母公司的产成品和原材料也是这样的基本关系。也就是说，在母公司期末存货的结构中，新增加的也是原材料和产成品。由于汤臣倍健的业务在发展，母公司在产品和原材料的储备应该理解为是业务发展所引起的。

第二，存货减值准备的计提规模与存货周转状况。同样，汤臣倍健并没有单独提供母公司这方面的信息，只是提供了合并报表的信息。信息显示，存货减值均来自产成品，且新并购企业所引起的存货减值并不多。考虑到母公司 2018 年存货周转速度比 2017 年有所加快（周转加快的存货质量一般较高），因此，尽管我们无法得知母公司存货减值的具体信息，但综合各方面信息来看，母公司的存货质量应该还是比较高的。

（3）以存货为核心的上下游关系管理。

1）购货付款安排。

为了考察汤臣倍健母公司 2018 年度的购货付款安排，我们把部分报表信息列示如下，见表 12－14。

表 12－14 汤臣倍健母公司资产负债表部分财务数据——付款安排 单位：元

项目	2018－12－31	2017－12－31
部分流动资产：		
预付款项	21 399 971.90	3 080 709.47
存货	368 134 899.00	280 567 700.30
部分流动负债：		
应付票据及应付账款	262 819 093.94	225 010 903.85

母公司资产负债表的数据显示，汤臣倍健预付款项规模较低，虽有所增加，由于其金额较小，可以忽略。汤臣倍健年末存货约为 3.68 亿元，应付票据及应付账款约 2.62 亿元。

这意味着汤臣倍健期末3.68亿元的存货中，约2.62亿元是赊购的。其他约1亿元的存货，要么已经支付了款项，要么是由生产过程的折旧和工资等转化过来的。这种存货多、相应负债较少的态势，汤臣倍健年初、年末保持了一致。

从规模来看，存货的大部分是由应付票据及应付账款推动的。这说明汤臣倍健在存货采购方面是有一定欠账能力的，汤臣倍健在存货采购和生产环节占用的资金并不多。

实际上，存货采购方面的欠账能力问题，既要考虑存货与预付款项、应付票据与应付账款的动态对应关系，还要考虑企业的行业特点和业务特点。

2）销售回款安排。

为了考察母公司的销售回款状况，我们要关注一下母公司与销售回款有关的各项目年末、年初的变化状况，见表12－15。

表12－15　汤臣倍健母公司部分资产负债表数据——收款安排　单位：元

项目	2018－12－31	2017－12－31
部分流动资产：		
应收票据及应收账款	129 746 421.73	331 879 660.53
应收票据	3 350 000.00	23 471 724.11
应收账款	126 396 421.73	308 407 936.42
部分流动负债：		
预收款项	186 378 077.35	2 504 492.02

针对上述母公司报表的相关数据，可以做如下分析：

第一，分析债权的回款情况。应收项目（应收票据与应收账款之和）从年初约3.32亿元减少至年末约1.30亿元，减少了约2亿元，也就是说数量上的对应关系是当年的赊销款全部收回，并加收了年初一部分债权。要强调的是，母公司利润表营业收入当年比上年有了一定程度增长，而汤臣倍健的债权减少约2亿元是在母公司业务增长的条件下产生的。当前债权规模的减少与企业营业收入的增长相对应，说明汤臣倍健的债权回收状况很好。

第二，分析债权结构的变化。观察应收项目的结构，我们就会发现汤臣倍健的债权结构有这样的特点：质量较高的应收票据规模不大，质量较低的应收账款规模较大。但从整体上看债权规模在减小，这意味着汤臣倍健回款的势头良好。

至此我们可以得出结论：虽然年末债权结构上看应收票据较少，但汤臣倍健出现了营业收入增长与商业债权规模下降同时发生的情况，这说明整体上汤臣倍健赊销债权的回收情况是良好的。

第三，考察预收款项年末与年初的变化。汤臣倍健的预收款项从年初约为250万元猛增至年末约1.86亿元。汤臣倍健预收款规模增加，一方面与汤臣倍健的业务规模增大有关；另一方面，也在一定程度上说明了汤臣倍健在销售方面的竞争力。

总体来看，在汤臣倍健业务规模出现一定幅度增长的情况下，汤臣倍健的商业债权有所减少，与此同时预收款项在迅猛增加，因此，母公司整体上呈现出销售回款的强势状态。

结合前面分析的付款安排情况，我们可以得出结论：在存货采购方面，汤臣倍健有一定的利用供应方资金的能力，汤臣倍健在存货上占用的资金不多；在销售回款方面，汤臣倍健赊销债权回收状况良好，预收货款能力显著增强。因此，从整体来看，汤臣倍健的销售回款支撑了经营活动产生充足的现金流量，企业自身经营活动的造血功能较强。

（4）营运资本管理与企业竞争力小结。

根据以上对母公司营运资本管理与企业竞争力的分析，我们可以得出如下结论：

首先，从整体结构上看，企业的营运资本主要是与母公司自身经营活动有关的项目。

其次，在营运资本中与母公司经营活动有关的诸因素中，企业存货的基本盈利能力（主要考察毛利率）较强，存货的质量较好（主要考察存货的结构和减值计提与存货周转）。

再次，在企业的上下游关系管理中，企业的收款能力较强，支撑了企业经营活动所需的资金。在购货付款方面，企业的存货也有能力占用供应商资金。

最后，企业实际上可以在不进行债务融资的条件下实现自身业务的顺畅发展。

2. 固定资产管理与竞争力

为了考察企业固定资产管理与竞争力，我们把可以采集的母公司相关信息列示如下，见表12-16。

表12-16　　汤臣倍健固定资产信息　　单位：元

项目	2018-12-31	2017-12-31
固定资产账面价值（取自母公司资产负债表。企业没有披露母公司固定资产原值信息）	529 542 529.14	582 643 389.42
利润表数据	**2018年**	**2017年**
营业收入	2 833 823 758.05	2 053 555 396.54

尽管汤臣倍健2018年度报告中并没有披露2018年底母公司固定资产的原值信息，但我们仍然可以对固定资产原值周转状况进行判断：汤臣倍健的固定资产原值增长不会很多，而营业收入增长速度显然远远高于固定资产原值的增长速度。非常明显，不用计算具体数据，我们就可以看出，用年末与年初固定资产原值计算的母公司当年的固定资产（原值）周转率是令人振奋的。

3. 无形资产管理与竞争力

由于汤臣倍健没有披露母公司无形资产的规模、结构及其变化信息，我们只能结合相关资料做一般性分析。

汤臣倍健年末无形资产的规模有所下降。这至少说明，汤臣倍健年内无形资产没有显著增加，无形资产处于较为稳定的状态。汤臣倍健年末无形资产账面价值减少应该是年度内对无形资产进行摊销的结果。

在无形资产较为稳定的情况下，汤臣倍健的营业收入有所增长。这说明汤臣倍健的无形资产与其他资产组合带来的效益明显，期待能持续发挥作用。

4. 盈利能力与企业竞争力

我们在前面讨论母公司存货竞争力时，已经对存货毛利率进行了讨论。下面再综合前面的计算和分析总结汤臣倍健的盈利能力与企业竞争力。

从反映汤臣倍健盈利能力的主要财务指标来看，母公司2018年的毛利率、核心利润率、核心利润获现率等指标均有所提高；同口径管理费用率在下降；销售费用率从上年的5.19%上升至5.49%，但数值并不高。综合来看，母公司综合利用资源的能力较强，盈利能力较强，竞争力较强。

5. 母公司资源整体管理与竞争力的综合评价

在母公司经营资产方面，汤臣倍健的资产与业务、利润表和现金流量表项目之间形成了非常清晰的经营资产—业务—营业收入—核心利润—经营活动产生的现金流量净额的逻辑关系。

本年度内，在资产实力上，母公司经营资产在无形资产、固定资产方面的整体规模基本稳定，具体结构的主要变化发生在存货的适度增加与应收票据及应收账款大幅度减少上。这种变化反映了汤臣倍健的管理层在利用现有资源组织生产、积极开拓市场方面成效显著。

在市场开拓与盈利能力提升方面，母公司的市场占有率在扩大，毛利率、核心利润率保持了较高水平，说明企业产品的市场盈利能力较强。

需要注意的是，汤臣倍健的存货周转率、固定资产周转率与核心利润率仍有改善的空间。这几个方面的改善，在未来既可通过加强企业内部管理、改善市场销售结构，也可通过提高固定资产与存货的决策与管理水平。

3.4.2 集团经营资产管理与竞争力分析

比较一下合并资产负债表与母公司资产负债表、合并利润表与母公司利润表、合并现金流量表与母公司现金流量表，我们不难看到，由于母子公司的业务跨度不是很大，两套报表所表现出来的特征极其相似。

在资产负债表与资源结构方面，合并资产负债表的资产结构、负债结构与股东权益结构极其相似。例如，合并资产增加的主要项目是无形资产和存货，减少的是应收账款与应收票据之和以及固定资产；在商业债权（应收账款与应收票据之和）有所减少的同时，预收款项有所增加；存货规模仍然小于应付票据与应付账款之和；推动汤臣倍健资产增长的动力既有债务融资、经营性负债，也有母子公司的利润积累，更有子公司少数股东的贡献。

在利润表与盈利能力方面，合并营业收入增长状况、毛利率、销售费用率、管理费用率与核心利润率均与母公司数据相仿。

在现金流量表与现金流量的结构方面，合并报表显示的核心利润获现率虽然低于母公司，但仍然是不错的。从整体上看，合并报表的经营活动产生的现金流量净额完全可以满足汤臣倍健整体经营活动的顺畅运行，还可以在一定程度上支持汤臣倍健的投资活动。

因此，我们对子公司经营资产管理与竞争力的分析（包括存货、上下游关系管理、固定资产管理、盈利能力、利润含金量与企业竞争力的分析等）均可以用于这里，在此不再赘述。

需要注意的是，第一，从整个集团来看，由于没有迹象表明母公司对整个集团进行了货币资金的集中管理，在一定程度上导致了汤臣倍健的合并报表货币资金与短期借款并存的情况出现。因此，母公司在强化货币资金管理方面还可以做很多工作。第二，合并报表与母公司报表关于固定资产的信息显示，年度内固定资产增加不多。在母公司年度内出现重大并购的情况下，合并固定资产居然增加不多，这意味着被并购子公司的业务要么不需要太多的固定资产投资，要么被并购企业的固定资产原值周转率可能非常好。第三，无论是销售费用还是管理费用，汤臣倍健的合并报表信息与母公司信息之间均出现了较大的差异。这可能意味着母子公司之间是相对独立的经营实体，子公司拥有较大的费用发生的自主权。

从整体上看，企业的母公司、子公司业务处于稳步发展的态势。母公司对外控制性投资的资产扩张效果不错，子公司的业务扩张迅速。整个集团的盈利能力较强，现金流转较为顺畅。

3.5 汤臣倍健企业风险分析

3.5.1 汤臣倍健年度报告中对风险的描述

汤臣倍健年度报告中披露的风险因素包括产品质量和食品安全风险、政策风险、原料采购对主要产品销售的风险、销售区域不断扩大的管控风险、行业竞争加剧的风险、新业务与新项目的风险、跨境收购完成后的整合风险和商誉减值的风险等八项。

3.5.2 合并成本与商誉

合并成本与商誉见表12-17。

表12-17　汤臣倍健合并成本与商誉　单位：元

合并成本	LSG
合并成本合计	3 332 592 375.00
减：取得的可辨认净资产公允价值份额	1 097 405 642.00
商誉	2 235 186 733.00

3.5.3 以财务数据为基础的风险分析

1. 关于资产结构、市场发展与企业风险

从合并报表来看，汤臣倍健的资产质量较高，无明显不良资产区域。年度间的利润表显示的“资产减值损失”规模也不大。但是，需要关注汤臣倍健资产结构中所出现的无形资产增长、存货增长与营业收入增长之间的关系。实际上，无形资产在短时间内有如此大的增加，汤臣倍健的解释是“主要为并购LSG产生的商标及品牌经营权和客户关系所致”。这么多无形资产集中于一家企业，到底能为这家企业的未来经营带来什么，还有待观察，毕竟企业的生产经营活动需要各类资产的有机整合。某项资产如果奇高，是很难与企业资产进行有机整合的。过高的无形资产只能表明企业付出了确定的代价，但其在未来所能带来的实质性贡献并不确定。

2. 关于集团货币资金、融资管理方式与企业风险

从财务报表的数据关系来看，除了向子公司通过其他应收款项目提供资金这一点有集中管理资金的色彩，母公司与子公司之间在货币资金管理与贷款管理上基本采用了分权管理或者分散管理的方式。这种方式固然可以调动子公司的积极性，但容易造成整个集团资金使用效率低下、集团不必要的资金成本过高，甚至出现子公司资金使用失控的风险。

3. 关于销售费用的有效性

我们计算的数据显示，汤臣倍健在母子公司之间、年度之间的销售费用率是存在差异的。非常明显的差异是：母公司的销售费用率较低，子公司的销售费用率较高。我们没有汤臣倍健关于营销活动安排的信息，因而不能简单地说子公司的销售效率不高，母公司的销售效率高，但企业集团整体上的高销售费用率仍然是需要关注的。这是未来汤臣倍健非常重要的一个风险点。

4. 关于研究与开发支出与企业未来发展

从研究与开发支出的规模来看，似乎有些低，且主要集中在母公司。当然，是否真的偏低要考虑几个因素：一是行业特征，即汤臣倍健所从事的行业内的其他同类企业在研究与开发支出上的规模及其占营业收入的比例状况；二是汤臣倍健年度间研究与开发支出的均衡性；三是汤臣倍健研究与开发支出的安排机制，是按照营业收入的一定百分比计提还是按照预算安排支出；等等。

如果研究与开发支出在公司所处的行业内长期处于不高的水平，则公司业务发展的研发支撑就会偏弱。

5. 关于商誉减值

尽管汤臣倍健已经提示了商誉减值的风险，我们还是想提醒读者：高商誉并购中隐藏着巨大风险。

汤臣倍健提供的信息显示，汤臣倍健付出的代价是货币资金 33.33 亿元，取得被并购企业“可辨认净资产公允价值份额”的价值只有 10.97 亿元！也就是说，汤臣倍健以大约超出被并购企业“可辨认净资产公允价值份额”2 倍的代价获得了被并购企业的控制权。

当然，汤臣倍健有充分的理由认为被并购企业的价格物超所值，诸如与并购方形成极大的战略协同效应、被并购企业的不可辨认无形资产太多、太有价值等，都

可能是推动高商誉并购的原因。但是，企业的价值在于持续为股东、为社会创造价值。

表12-18是汤臣倍健披露的被并购企业被并购后4个月（2018年9月1日至2018年12月31日）创造的财务数据。

表12-18　LSG被并购后4个月的财务数据　单位：元

被购买方名称	股权取得时点	股权取得成本	股权取得比例	股权取得方式	购买日	购买日的确定依据	购买日至期末被购买方的收入	购买日至期末被购买方的净利润
Life-Sapce Group Pty Ltd	2018-8-30	3 332 592 375.00	100%	现金支付	2018-8-30	股权交割日	272 689 640.00	2 502 733.00

作为一个持续经营的企业，4个月产生了2.72亿元的营业收入，获得了250万元净利润。那么，一年呢？这个企业除了贡献财务业绩以外，是不是还有其他的价值体现？

所以，请读者关注汤臣倍健未来的财务报告中与这个被并购企业有关的商誉的处理情况。

3.6　汤臣倍健企业发展前景预测

由于母公司报表与合并报表所展示的财务状况极其相似，下面从两个方面进行预测。

3.6.1　母公司与子公司经营活动前景预测

母公司与子公司经营活动的共性是：毛利率较高、核心利润率较高、核心利润获现率较高、存货周转率较高、固定资产原值周转率较高等。

因此，在未来，汤臣倍健应该继续发挥公司的品牌优势，强化营销组合，提高产品毛利率、降低销售费用率；在生产领域，强化固定资产管理，进一步提高固定资产利用效率；强化存货管理，最大限度降低存货存量，进一步提高存货周转率；强化对供应商的付款管理，降低存货占用资金等。

同时特别警惕由2018年被并购企业所带来的巨额商誉和巨额无形资产在未来的价值体现。

3.6.2　通过融资、并购、重组等方式实现的企业发展前景预测

需要注意的是，在合并资产负债表上，汤臣倍健的商誉在2018年初以前并不存在。这说明，在发展方式上，汤臣倍健以前并没有采用高商誉并购的方式，而是更多采用自主投资、稳步发展的扩张战略。

但是，既有的扩张方式固然在扩张效果、风险控制等方面取得了较好的成效，但毕竟汤臣倍健发展的速度（资产增长速度、营业收入增长速度、利润增长速度等）相对并购而言会显得较低。

通过并购企业可以在短时间内实现资产、营业收入、利润的增长，实现地域结构的战略布局，实现多元化的发展战略，等等。

实际上，无论是母公司报表还是合并报表，汤臣倍健的资产负债率均较低。这就为未来汤臣倍健通过筹资、并购与重组而发展奠定了基础。

1. 通过发行股票、债券筹资，并购或重组其他企业

发行股票、债券来并购或重组其他企业，可以短时间实现汤臣倍健资产（母公司资产与合并资产）总额、营业收入和净利润的快速增长（如汤臣倍健2018年的融资并购）。如果汤臣倍健在并购或重组过程中存在高于被并购企业公允价值的并购，在合并资产上还会出现新的增量商誉。

通过发行股票、债券筹资，并购或重组其他企业可能出现的问题是：汤臣倍健极容易产生高商誉并购或重组从而导致汤臣倍健未来的风险加大；并购或重组后需要进行各种整合，整合不当会招致风险和损失；等等。

2. 通过债务融资并购或重组其他企业

与通过发行股票、债券筹资来并购或重组其他企业不同的是，企业债务融资并购或重组完全是靠贷款支撑。这就需要企业的并购或重组尽量避免出现大的风险。

需要注意的是，通过融资、并购、重组等方式谋求企业发展是需要条件的。这个条件就是控股股东是否有资源、是否有意愿通过并购或重组方式发展企业。

参考文献

［1］张新民．关于企业会计准则改革的若干思考．北京工商大学学报，2019（1）．

［2］钱爱民，张晨宇．股权质押与信息披露策略．会计研究，2018（12）．

［3］张新民，卿琛，杨道广．内部控制与商誉泡沫的抑制．厦门大学学报，2018（3）．

［4］吴春雷，张新民．可持续发展与会计本质．会计研究，2017（11）．

［5］张新民．从报表看企业．3版．中国人民大学出版社，2017（5）．

［6］张新民，钱爱民．财务报表分析．4版．中国人民大学出版社，2017（11）．

［7］张新民．企业财务状况质量分析理论研究．对外经济贸易大学出版社，2001（12）．

［8］张新民，王秀丽．解读财务报表：案例分析方法．对外经济贸易大学出版社，2003（10）．

［9］张新民．会计学本科专业核心课程建设：突围之路．会计研究，2015（8）．

［10］张新民等．管理层业绩预告违规与分析师监管．会计研究，2015（3）．

［11］张新民等．母公司经营模式、合并：母公司报表盈余信息与决策有用性．南开管理评论，2014（3）．

［12］张新民．资产负债表：从要素到战略．会计研究，2014（5）．

［13］张新民，等．基于bootstrap分析方法的我国基金经理选股能力研究．中国软科学，2013（11）．

［14］张新民，等．市场地位、商业信用与企业经营性融资．会计研究，2012（8）．

［15］张新民，等．外资并购与我国产业安全：综述及研究展望．国际贸易问题，2012（4）．

［16］张新民，等．“走出去”战略中我国企业信用的法律问题研究．国际商务（对外经济贸易大学学报），2012（1）．

［17］张新民，等．企业财务状况质量三维综合评价体系的构建与检验：来自

我国A股制造业上市公司的经验证据．中国工业经济，2011（3）．

[18] 张新民，等．我国高新技术企业战略、资本结构与绩效关系研究．中国工业经济，2010（9）．

[19] 张新民，等．成长型公司财务报表分析与股票未来收益：来自中国上市公司的经验证据．会计研究，2010（6）．

[20] 张新民，等．营运资本管理效率对公司盈利能力的影响：基于中国制造业上市公司的经验证据．南开管理评论，2009（12）．

[21] 张新民，等．资产质量：概念界定与特征构建．财经问题研究，2009（12）．

[22] 张新民，等．经营性资产：概念界定与质量评价．会计研究，2009（8）．

[23] 张新民，等．盈利结构质量、核心盈利能力与盈利持续性：来自我国A股制造业上市公司的经验证据．中国软科学，2009（8）．

[24] 张新民，等．金融危机的“公地悲剧”现象解析：兼论资产负债表对企业边界的界定功能．中国工业经济，2009（7）．

[25] 张新民，等．财务报告舞弊的特征与识别模型研究．财贸经济，2008（12）．

[26] 张新民，等．企业财务状况的质量特征．会计研究，2003（9）．

附　录

附录 1　伊利股份 2017—2018 年度财务报表

附录 2　东阿阿胶 2017—2018 年度财务报表

附录 3　中国联通 2017—2018 年度财务报表

附录 4　天神娱乐 2016—2017 年度财务报表

附录 5　长城汽车 2016—2017 年度财务报表

附录 6　汤臣倍健 2017—2018 年度财务报表

附录1　伊利股份2017—2018年度财务报表

1. 资产负债表

单位：元

报告期	2018-12-31 年报	2018-12-31 年报	2017-12-31 年报	2017-12-31 年报
报表类型	合并报表	母公司报表	合并报表	母公司报表
流动资产：				
货币资金	11 051 003 654.02	3 005 604 575.71	21 823 066 175.50	10 709 781 604.26
交易性金融资产	498 843.46			
应收票据及应收账款	1 282 126 608.06	1 238 979 215.00	949 737 204.59	905 166 268.53
应收票据	181 100 000.00	181 100 000.00	163 597 000.00	163 597 000.00
应收账款	1 101 026 608.06	1 057 879 215.00	786 140 204.59	741 569 268.53
预付款项	1 459 600 976.55	2 009 243 973.00	1 192 434 176.04	1 659 366 511.73
其他应收款（合计）	154 559 158.76	130 405 933.16	233 108 843.82	16 069 471.42
应收股利		101 680 267.43		
应收利息	86 527 903.76		188 447 046.71	
其他应收款	68 031 255.00	28 725 665.73	44 661 797.11	16 069 471.42
存货	5 507 073 963.85	2 107 611 240.72	4 639 993 865.79	1 766 576 188.90
一年内到期的非流动资产				
其他流动资产	5 000 433 575.10	1 223 996 434.54	1 007 391 592.71	416 616 042.01
流动资产合计	24 455 296 779.80	9 715 841 372.13	29 845 731 858.45	15 473 576 086.85
非流动资产：				
可供出售金融资产	831 010 989.62	304 987 454.75	651 819 595.43	312 158 205.93
长期股权投资	1 909 387 113.45	25 192 607 533.12	1 765 185 096.75	22 882 546 329.41
固定资产（合计）	14 687 762 476.26	1 220 725 426.30	13 256 390 281.64	1 197 479 126.94
固定资产	14 687 762 476.26		13 256 390 281.64	1 197 479 126.94
在建工程（合计）	2 686 705 865.46	1 393 487 894.90	1 902 065 636.71	109 571 976.09
在建工程	2 676 239 440.27		1 887 857 336.13	109 296 363.42
工程物资	10 466 425.19		14 208 300.58	275 612.67
无形资产	639 268 640.97	229 218 015.63	514 361 212.49	122 792 285.46
商誉	10 678 610.25		10 678 610.25	
长期待摊费用	58 537 612.15	1 280 240.97	69 195 040.35	
递延所得税资产	609 084 232.41	206 562 611.47	559 946 094.74	223 881 953.15
其他非流动资产	1 718 472 140.06	29 072 137.23	724 981 891.33	273 915 262.11

非流动资产合计	23 150 907 680. 63	28 577 941 314. 37	19 454 623 459. 69	25 122 345 139. 09
资产总计	47 606 204 460. 43	38 293 782 686. 50	49 300 355 318. 14	40 595 921 225. 94
流动负债：				
短期借款	1 523 000 000. 00	1 300 000 000. 00	7 860 000 000. 00	6 530 000 000. 00
应付票据及应付账款	9 115 711 387. 32	9 387 634 838. 08	7 469 156 278. 60	8 579 202 388. 71
应付票据	276 249 155. 54		215 276 807. 81	215 276 807. 81
应付账款	8 839 462 231. 78		7 253 879 470. 79	8 363 925 580. 90
预收款项	4 400 761 321. 98	4 391 078 079. 33	4 125 571 142. 63	4 116 975 284. 09
应付职工薪酬	2 513 392 737. 25	2 036 345 412. 01	2 603 617 352. 74	2 174 685 713. 13
应交税费	353 379 593. 66	143 430 926. 11	404 090 753. 48	196 770 282. 80
其他应付款（合计）	1 221 000 408. 98	1 092 708 113. 60	1 351 467 319. 98	1 219 834 126. 89
应付利息	1 365 195. 81	989 625. 00	9 326 783. 74	7 811 512. 50
应付股利	102 503 988. 86	90 790 641. 58	73 131 211. 86	68 788 979. 38
其他应付款	1 117 131 224. 31	1 000 927 847. 02	1 269 009 324. 38	1 143 233 635. 01
一年内到期的非流动负债	33 128 853. 96	4 784 061. 67	24 191 543. 48	4 429 655. 00
其他流动负债	10 405 666. 01		11 930 958. 27	
流动负债合计	19 170 779 969. 16	18 355 981 430. 80	23 850 025 349. 18	22 821 897 450. 62
非流动负债：				
长期借款	289 000. 00	289 000. 00	289 000. 00	289 000. 00
长期应付款（合计）	133 664 814. 17		64 037 282. 56	4 784 061. 67
长期应付款	133 664 814. 17		64 037 282. 56	4 784 061. 67
递延所得税负债	105 918 440. 05			
递延收益	158 330 316. 61	63 270 629. 93	146 186 181. 18	51 269 856. 51
非流动负债合计	398 202 570. 83	63 559 629. 93	210 512 463. 74	56 342 918. 18
负债合计	19 568 982 539. 99	18 419 541 060. 73	24 060 537 812. 92	22 878 240 368. 80
所有者权益（或股东权益）：				
实收资本（或股本）	6 078 127 608. 00	6 078 127 608. 00	6 078 492 608. 00	6 078 492 608. 00
资本公积金	2 841 336 959. 07	2 737 984 598. 10	2 765 534 558. 98	2 662 182 198. 01
减：库存股	97 462 825. 00	97 462 825. 00	201 690 525. 00	201 690 525. 00
其他综合收益	375 236 186. 82		−71 393 317. 81	
盈余公积金	3 045 728 468. 89	3 045 728 468. 89	2 422 653 944. 48	2 422 653 944. 48
未分配利润	15 672 617 442. 10	8 109 863 775. 78	14 109 791 931. 29	6 756 042 631. 65
归属于母公司所有者权益合计	27 915 583 839. 88	19 874 241 625. 77	25 103 389 199. 94	17 717 680 857. 14
少数股东权益	121 638 080. 56		136 428 305. 28	
所有者权益合计	28 037 221 920. 44	19 874 241 625. 77	25 239 817 505. 22	17 717 680 857. 14
负债和所有者权益总计	47 606 204 460. 43	38 293 782 686. 50	49 300 355 318. 14	40 595 921 225. 94

2. 利润表

单位：元

	2018 年	2018 年	2017 年	2017 年
报告期	年报	年报	年报	年报
报表类型	合并报表	母公司报表	合并报表	母公司报表
一、营业总收入	79 553 277 524. 49	80 389 142 444. 00	68 058 174 312. 35	68 265 817 565. 25
其中：营业收入	78 976 388 687. 29	80 389 142 444. 00	67 547 449 530. 32	68 265 817 565. 25
其他类金融业务收入	576 888 837. 20		510 724 782. 03	
二、营业总成本	72 831 663 716. 79	77 911 808 815. 24	61 877 134 479. 76	65 678 380 301. 76
其中：营业成本	49 106 034 372. 73	59 113 724 122. 52	42 362 402 660. 65	50 861 417 492. 90
税金及附加	530 952 383. 82	297 663 615. 88	511 570 189. 97	284 356 104. 31
销售费用	19 772 683 750. 68	16 873 210 531. 22	15 521 862 502. 34	12 796 865 870. 79
管理费用	2 979 735 487. 22	1 112 970 372. 73	3 107 883 480. 86	1 384 034 245. 88
研发费用	426 873 117. 32	412 286 853. 71	209 165 263. 62	194 010 421. 95
财务费用	−60 271 167. 99	54 680 308. 07	113 485 343. 63	131 520 778. 91
其中：利息费用	131 602 571. 41	103 077 474. 34	209 922 255. 60	179 552 502. 51
利息收入	199 095 685. 13	52 469 803. 55	101 549 779. 00	52 397 710. 86
资产减值损失	75 655 773. 01	47 273 011. 11	50 623 372. 02	26 175 387. 02
其他业务成本（金融类）			141 666. 67	
加：其他收益	746 562 694. 87	485 262 123. 03	788 013 845. 50	486 909 012. 39
投资净收益	260 913 183. 17	3 698 103 854. 23	134 679 258. 02	2 760 697 916. 76
其中：对联营企业和合营企业的投资收益	144 202 016. 70	144 191 435. 71	86 557 819. 01	86 780 128. 15

公允价值变动净收益	230 980.46			
资产处置收益	−38 491 702.03	−1 523 637.77	12 178 238.41	1 166 738.61
三、营业利润	7 690 828 964.17	6 659 175 968.25	7 115 911 174.52	5 836 210 931.25
加：营业外收入	34 818 932.66	17 682 194.44	85 597 784.38	62 861 195.49
减：营业外支出	148 015 518.65	97 071 380.30	127 535 613.09	107 915 669.38
四、利润总额	7 577 632 378.18	6 579 786 782.39	7 073 973 345.81	5 791 156 457.36
减：所得税	1 125 636 269.91	349 041 538.25	1 071 158 370.70	423 635 007.99
五、净利润	6 451 996 108.27	6 230 745 244.14	6 002 814 975.11	5 367 521 449.37
持续经营净利润	6 451 996 108.27	6 230 745 244.14	6 002 814 975.11	5 367 521 449.37
减：少数股东损益	12 246 497.45		1 930 048.23	
归属于母公司所有者的净利润	6 439 749 610.82	6 230 745 244.14	6 000 884 926.88	5 367 521 449.37
加：其他综合收益	446 629 504.63		−433 343 330.45	
六、综合收益总额	6 898 625 612.90	6 230 745 244.14	5 569 471 644.66	5 367 521 449.37
减：归属于少数股东的综合收益总额	12 246 497.45		1 930 048.23	
归属于母公司普通股东综合收益总额	6 886 379 115.45	—	5 567 541 596.43	
七、每股收益：				
基本每股收益	1.060 0		0.990 0	
稀释每股收益	1.060 0		0.990 0	

3. 现金流量表

单位：元

	2018-12-31	2018-12-31	2017-12-31	2017-12-31
报告期	年报	年报	年报	年报
报表类型	合并报表	母公司报表	合并报表	母公司报表
一、经营活动产生的现金流量：				
销售商品、提供劳务收到的现金	89 269 789 975.27	90 231 683 793.74	75 699 027 500.05	76 811 128 025.04
收到的税费返还	1 123 140.80		2 058 059.70	
收到其他与经营活动有关的现金	1 632 687 993.87	756 730 060.17	1 437 241 714.39	776 576 629.19
经营活动现金流入（金融类）	565 817 378.40		376 048 983.09	
经营活动现金流入小计	91 469 418 488.34	90 988 413 853.91	77 514 376 257.23	77 587 704 654.23
购买商品、接受劳务支付的现金	70 245 753 476.89	80 117 030 736.15	57 934 739 382.10	67 091 946 021.38
支付给职工以及为职工支付的现金	7 208 172 775.39	4 279 804 081.51	5 969 265 197.88	3 370 418 188.33
支付的各项税费	4 668 349 033.86	2 756 602 324.64	4 629 340 722.30	2 783 068 702.63
支付其他与经营活动有关的现金	1 453 991 160.95	1 558 105 066.82	1 396 110 369.92	1 006 450 995.94
经营活动现金流出（金融类）	—731 619 758.55		578 623 406.05	
经营活动现金流出小计	82 844 646 688.54	88 711 542 209.12	70 508 079 078.25	74 251 883 908.28
经营活动产生的现金流量净额	8 624 771 799.80	2 276 871 644.79	7 006 297 178.98	3 335 820 745.95
二、投资活动产生的现金流量：				
收回投资收到的现金	1 448 575 837.42	1 232 462 655.76	14 522 215.51	14 522 215.51
取得投资收益收到的现金	116 056 383.93	3 467 794 787.22	53 138 113.89	2 679 837 324.33
处置固定资产、无形资产和其他长期资产收回的现金净额	47 168 526.23	14 417 558.54	72 802 045.59	31 880 704.77
处置子公司及其他营业单位收到的现金净额		27 217 758.26		

收到其他与投资活动有关的现金	516 218.89	900 000 000.00	139 085 711.45	250 000 000.00
投资活动现金流入小计	1 612 316 966.47	5 641 892 759.78	279 548 086.44	2 976 240 244.61
购建固定资产、无形资产和其他长期资产支付的现金	5 090 600 464.62	1 403 843 552.88	3 351 359 455.32	332 473 637.09
投资支付的现金	1 625 000 000.00	3 437 000 000.00	45 000 000.00	1 116 000 000.00
支付其他与投资活动有关的现金	270 700 593.29	1 200 000 000.00		300 000 000.00
投资活动现金流出小计	6 986 301 057.91	6 040 843 552.88	3 396 359 455.32	1 748 473 637.09
投资活动产生的现金流量净额	−5 373 984 091.44	−398 950 793.10	−3 116 811 368.88	1 227 766 607.52
三、筹资活动产生的现金流量：				
吸收投资收到的现金	18 000 000.00		217 686 000.00	217 686 000.00
其中：子公司吸收少数股东投资收到的现金	18 000 000.00			
取得借款收到的现金	4 983 000 000.00	4 200 000 000.00	8 460 000 000.00	7 130 000 000.00
筹资活动现金流入小计	5 001 000 000.00	4 200 000 000.00	8 677 686 000.00	7 347 686 000.00
偿还债务支付的现金	11 320 000 000.00	9 430 000 000.00	750 000 000.00	600 000 000.00
分配股利、利润或偿付利息支付的现金	4 392 602 765.29	4 341 176 930.24	3 845 428 901.98	3 803 503 005.53
其中：子公司支付给少数股东的股利、利润	19 208 903.09		15 280 676.10	
支付其他与筹资活动有关的现金	37 382 061.11	10 920 950.00	29 450 475.00	7 475 475.00
筹资活动现金流出小计	15 749 984 826.40	13 782 097 880.24	4 624 879 376.98	4 410 978 480.53
筹资活动产生的现金流量净额	−10 748 984 826.40	−9 582 097 880.24	4 052 806 623.02	2 936 707 519.47
四、汇率变动对现金的影响	307 147 818.96		−397 717 708.47	
五、现金及现金等价物净增加额	−7 191 049 299.08	−7 704 177 028.55	7 544 574 724.65	7 500 294 872.94
加：期初现金及现金等价物余额	20 755 979 912.01	10 709 781 604.26	13 211 405 187.36	3 209 486 731.32
六、期末现金及现金等价物余额	13 564 930 612.93	3 005 604 575.71	20 755 979 912.01	10 709 781 604.26

附录 2　东阿阿胶 2017—2018 年度财务报表

1. 资产负债表

单位：元

报告期	2018 - 12 - 31 年报	2018 - 12 - 31 年报	2017 - 12 - 31 年报	2017 - 12 - 31 年报
报表类型	合并报表	母公司报表	合并报表	母公司报表
流动资产：				
货币资金	2 135 939 927. 81	2 071 006 342. 15	1 725 322 019. 94	1 688 480 845. 80
应收票据及应收账款	2 406 837 522. 62	2 409 748 423. 03	1 056 558 417. 87	967 029 245. 34
应收票据	1 504 559 391. 63	1 477 691 403. 44	551 832 220. 20	518 563 604. 41
应收账款	902 278 130. 99	932 057 019. 59	504 726 197. 67	448 465 640. 93
预付款项	85 295 137. 73	33 136 036. 40	166 416 868. 57	94 204 603. 30
其他应收款（合计）	53 074 278. 98	951 478 875. 91	60 487 713. 85	1 079 561 799. 51
应收股利				31 807 329. 65
应收利息	1 486 989. 99	1 486 989. 99	1 324 138. 04	1 324 138. 04
其他应收款	51 587 288. 99	949 991 885. 92	59 163 575. 81	1 046 430 331. 82
存货	3 366 887 212. 23	2 808 072 870. 35	3 606 927 462. 32	2 864 070 995. 91
其他流动资产	2 720 086 873. 10	2 706 302 881. 39	3 024 626 208. 38	2 951 554 521. 61
流动资产合计	10 768 120 952. 47	10 979 745 429. 23	9 640 338 690. 93	9 644 902 011. 47
非流动资产：				
可供出售金融资产	30 293 148. 29	14 441 404. 63	30 521 270. 74	14 441 404. 63
长期股权投资	217 056 709. 96	441 269 752. 18	127 208 046. 74	420 685 501. 96
投资性房地产	121 004 124. 65	281 446 685. 30	20 274 372. 38	181 393 376. 03
固定资产（合计）	1 734 048 074. 38	1 370 333 477. 84	1 709 647 098. 36	1 317 731 879. 52
固定资产	1 734 048 074. 38		1 709 647 098. 36	1 317 731 879. 52
在建工程（合计）	255 414 155. 25	223 559 781. 37	217 359 369. 81	197 906 527. 82
在建工程	255 414 155. 25		217 359 369. 81	197 906 527. 82
生产性生物资产	41 318 604. 63	4 670 092. 32	13 517 408. 94	4 755 281. 34
无形资产	421 269 682. 77	372 343 910. 02	328 835 858. 34	273 682 618. 62
开发支出	8 393 093. 27	8 393 093. 27	5 499 830. 81	5 499 830. 81

商誉	914 991.98		914 991.98	
长期待摊费用	34 994 434.42	11 085 968.76	34 672 393.97	12 871 001.19
递延所得税资产	144 647 367.48	94 078 414.74	139 372 762.63	84 475 876.43
其他非流动资产	92 483 907.80	91 812 707.80	107 867 876.08	95 866 893.28
非流动资产合计	3 101 838 294.88	2 913 435 288.23	2 735 691 280.78	2 609 310 191.63
资产总计	13 869 959 247.35	13 893 180 717.46	12 376 029 971.71	12 254 212 203.10
流动负债：				
应付票据及应付账款	476 662 694.36	436 905 985.56	860 325 716.95	848 898 191.79
应付票据	267 055 388.04		31 191 868.31	31 191 868.31
应付账款	209 607 306.32		829 133 848.64	817 706 323.48
预收款项	464 915 199.91	429 800 296.03	437 952 112.89	330 609 518.49
应付职工薪酬	119 053 208.53	101 556 396.88	84 146 148.14	65 787 923.19
应交税费	770 599 409.71	738 560 495.54	370 687 552.72	342 141 528.93
其他应付款（合计）	634 689 958.88	737 243 626.71	688 366 693.71	724 503 451.32
应付股利	2 000 000.00			
其他应付款	632 689 958.88		688 366 693.71	724 503 451.32
流动负债合计	2 465 920 471.39	2 444 066 800.72	2 441 478 224.41	2 311 940 613.72
非流动负债：				
递延所得税负债				
递延收益——非流动负债	75 033 425.39	57 235 004.35	63 044 563.65	44 024 004.37
非流动负债合计	75 033 425.39	57 235 004.35	63 044 563.65	44 024 004.37
负债合计	2 540 953 896.78	2 501 301 805.07	2 504 522 788.06	2 355 964 618.09
所有者权益（或股东权益）：				
实收资本（或股本）	654 021 537.00	654 021 537.00	654 021 537.00	654 021 537.00
资本公积金	690 580 879.91	692 069 065.62	690 676 851.19	692 069 065.62
其他综合收益	17 354 805.79	18 443 975.90	55 747 045.38	56 828 862.98
盈余公积金	466 156 871.34	466 156 871.34	466 156 871.34	466 156 871.34
未分配利润	9 473 944 881.90	9 561 187 462.53	7 977 698 212.51	8 029 171 248.07
归属于母公司所有者权益合计	11 302 058 975.94	11 391 878 912.39	9 844 300 517.42	9 898 247 585.01
少数股东权益	26 946 374.63		27 206 666.23	
所有者权益合计	11 329 005 350.57	11 391 878 912.39	9 871 507 183.65	9 898 247 585.01
负债和所有者权益总计	13 869 959 247.35	13 893 180 717.46	12 376 029 971.71	12 254 212 203.10

2. 利润表

单位：元

	2018 年	2018 年	2017 年	2017 年
报告期	年报	年报	年报	年报
报表类型	合并报表	母公司报表	合并报表	母公司报表
一、营业总收入	7 338 316 223.18	5 977 070 125.10	7 372 340 332.18	6 067 309 470.12
其中：营业收入	7 338 316 223.18	5 977 070 125.10	7 372 340 332.18	6 067 309 470.12
二、营业总成本	5 085 979 732.04	3 790 307 387.87	5 098 753 423.56	3 835 916 436.80
其中：营业成本	2 495 745 781.74	1 521 761 031.90	2 576 956 362.64	1 685 732 354.40
税金及附加	120 747 058.05	109 823 372.70	91 910 167.61	80 761 573.39
销售费用	1 776 075 144.25	1 540 261 028.66	1 805 174 804.09	1 513 416 638.06
管理费用	362 514 423.06	313 521 990.97	578 074 229.92	535 416 771.23
研发费用	240 803 070.08	238 677 401.00		
财务费用	15 663 684.47	13 596 426.01	11 785 622.24	10 429 691.29
其中：利息费用	31 682 294.10	31 682 294.10		
利息收入	18 699 922.61	18 295 863.38		
资产减值损失	74 430 570.39	52 666 136.63	34 852 237.06	10 159 408.43
加：其他收益	27 052 357.60	21 424 551.66	16 651 324.26	11 248 388.37
投资净收益	165 421 048.10	233 103 811.26	119 644 760.22	218 366 947.98
其中：对联营企业和合营企业的投资收益	2 814 121.68	3 078 121.68	34 273 050.13	34 273 050.13
资产处置收益	−4 246 181.57	−3 889 716.61	−184 905.69	7 586 982.10
三、营业利润	2 440 563 715.27	2 437 401 383.54	2 409 698 087.41	2 468 595 351.77

加：营业外收入	10 755 058.97	8 522 294.17	3 543 183.65	3 009 723.19
减：营业外支出	7 452 123.97	1 332 117.66	5 099 143.40	2 903 484.00
四、利润总额	2 443 866 650.27	2 444 591 560.05	2 408 142 127.66	2 468 701 590.96
减：所得税	357 260 889.18	333 393 944.27	364 147 325.09	345 095 603.34
五、净利润	2 086 605 761.09	2 111 197 615.78	2 043 994 802.57	2 123 605 987.62
持续经营净利润	2 086 605 761.09	2 111 197 615.78	2 043 994 802.57	2 123 605 987.62
减：少数股东损益	1 739 708.40		−357 700.84	
归属于母公司所有者的净利润	2 084 866 052.69	2 111 197 615.78	2 044 352 503.41	2 123 605 987.62
加：其他综合收益	−38 392 239.59	−38 384 887.08	29 402 428.30	32 102 379.28
六、综合收益总额	2 048 213 521.50	2 072 812 728.70	2 073 397 230.87	2 155 708 366.90
减：归属于少数股东的综合收益总额	1 739 708.40		−357 700.84	
归属于母公司普通股东综合收益总额	2 046 473 813.1	2 072 812 728.7		
七、每股收益：				
基本每股收益	3.187 8		3.125 8	
稀释每股收益	3.187 8		3.125 8	

3. 现金流量表

单位：千元

	2018 年	2018 年	2017 年	2017 年
报告期	年报	年报	年报	年报
报表类型	合并报表	母公司报表	合并报表	母公司报表
一、经营活动产生的现金流量：				
销售商品、提供劳务收到的现金	6 909 920 000.46	5 439 702 555.08	7 627 283 206.64	5 885 535 700.11
收到的税费返还	474 555.16		202 063.57	
收到其他与经营活动有关的现金	261 995 848.72	337 324 789.68	200 563 063.50	83 539 215.19
经营活动现金流入小计	7 172 390 404.34	5 777 027 344.76	7 828 048 333.71	5 969 074 915.30
购买商品、接受劳务支付的现金	2 734 735 046.89	1 994 858 187.38	2 726 090 956.40	1 706 838 043.23
支付给职工以及为职工支付的现金	582 215 870.65	450 270 852.34	508 098 195.48	392 151 148.68
支付的各项税费	996 490 796.96	900 960 574.01	930 146 397.76	815 948 990.01
支付其他与经营活动有关的现金	1 849 899 636.77	1 585 058 052.74	1 906 323 573.48	1 499 100 909.55
经营活动现金流出小计	6 163 341 351.27	4 931 147 666.47	6 070 659 123.12	4 414 039 091.47
经营活动产生的现金流量净额	1 009 049 053.07	845 879 678.29	1 757 389 210.59	1 555 035 823.83
二、投资活动产生的现金流量：				
收回投资收到的现金	4 037 274 957.60	4 090 755 261.09	3 095 944 800.53	3 094 382 804.00
取得投资收益收到的现金	102 496 575.64	205 746 171.10	91 166 244.91	158 081 103.02
处置固定资产、无形资产和其他长期资产收回的现金净额	847 473.36	1 456 525.18	1 786 836.73	20 630 816.39
收到其他与投资活动有关的现金	7 351 169.33	7 323 129.33	13 862 432.15	7 833 371.11
投资活动现金流入小计	4 147 970 175.93	4 305 281 086.70	3 202 760 314.32	3 280 928 094.52

购建固定资产、无形资产和其他长期资产支付的现金	249 325 798. 82	235 252 437. 12	313 936 577. 78	271 170 784. 84
投资支付的现金	3 817 030 000. 00	3 943 484 978. 00	3 722 804 937. 33	3 670 075 666. 27
取得子公司及其他营业单位支付的现金净额				2 400 000. 00
支付其他与投资活动有关的现金	17 501 463. 37	10 200 000. 00		
投资活动现金流出小计	4 083 857 262. 19	4 188 937 415. 12	4 036 741 515. 11	3 943 646 451. 11
投资活动产生的现金流量净额	64 112 913. 74	116 343 671. 58	—833 981 200. 79	—662 718 356. 59
三、筹资活动产生的现金流量：				
吸收投资收到的现金			600 000. 00	
取得借款收到的现金	4 400 000. 00			
收到其他与筹资活动有关的现金		78 395 216. 29		237 237 096. 83
筹资活动现金流入小计	4 400 000. 00	78 395 216. 29	600 000. 00	237 237 096. 83
偿还债务支付的现金	46 100 000. 00			
分配股利、利润或偿付利息支付的现金	620 847 132. 40	620 847 132. 40	613 427 032. 57	613 427 032. 57
其中：子公司支付给少数股东的股利、利润				
支付其他与筹资活动有关的现金		37 245 937. 41		25 353 996. 30
筹资活动现金流出小计	666 947 132. 40	658 093 069. 81	613 427 032. 57	638 781 028. 87
筹资活动产生的现金流量净额	—662 547 132. 40	—579 697 853. 52	—612 827 032. 57	—401 543 932. 04
四、汇率变动对现金的影响	2 920. 50		65 482. 59	
五、现金及现金等价物净增加额	410 617 754. 91	382 525 496. 35	310 646 459. 82	490 773 535. 20
加：期初现金及现金等价物余额	1 725 271 788. 66	1 688 480 845. 80	1 414 625 328. 84	1 197 707 310. 60
六、期末现金及现金等价物余额	2 135 889 543. 57	2 071 006 342. 15	1 725 271 788. 66	1 688 480 845. 80

附录3　中国联通 2017—2018 年度财务报表

1. 资产负债表

单位：元

报告期	2018-12-31	2018-12-31	2017-12-31	2017-12-31
	年报	年报	年报	年报
报表类型	合并报表	母公司报表	合并报表	母公司报表
流动资产：				
货币资金	33 783 352 034.00	266 645 224.00	38 402 165 812.00	183 142 610.00
交易性金融资产	769 905 347.00		159 510 345.00	
应收票据及应收账款	18 206 026 524.00		18 612 629 753.00	
应收票据	363 323 541.00		103 468 782.00	
应收账款	17 842 702 983.00		18 509 160 971.00	
预付款项	4 030 653 660.00		3 773 931 982.00	
其他应收款（合计）	3 220 869 649.00	920 684 679.00	7 906 640 137.00	928 460 164.00
应收股利		917 780 560.00		917 780 560.00
应收利息	342 481 203.00	2 904 119.00	317 810 622.00	59 604.00
其他应收款	2 878 388 446.00		7 588 829 515.00	10 620 000.00
存货	2 388 327 329.00		2 238 565 451.00	
合同资产	1 254 428 639.00			
其他流动资产	12 270 983 584.00	11 377 481.00	5 678 022 644.00	
流动资产合计	75 924 546 766.00	1 198 707 384.00	76 771 466 124.00	1 111 602 774.00
非流动资产：				
可供出售金融资产			4 286 072 266.00	
其他权益工具投资	3 902 894 983.00			
长期应收款	79 345 065.00		170 146 316.00	
长期股权投资	39 723 875 225.00	100 686 178 479.00	35 601 711 266.00	100 072 258 479.00
固定资产（合计）	341 452 644 261.00	4 032 563.00	363 499 434 778.00	4 267 439.00
固定资产	341 452 644 261.00		363 499 434 778.00	4 267 439.00
在建工程（合计）	41 729 162 608.00		51 835 475 528.00	
在建工程	41 172 930 040.00		51 286 267 784.00	
工程物资	556 232 568.00		549 207 744.00	
无形资产	25 884 163 079.00	9 013 231.00	25 932 236 753.00	9 261 872.00
开发支出	462 476 394.00		279 995 211.00	
长期待摊费用	3 929 093 283.00		9 318 908 306.00	
递延所得税资产	2 048 586 266.00		4 573 333 656.00	
其他非流动资产	6 625 496 054.00	3 042 122 315.00	1 348 557 596.00	
非流动资产合计	465 837 737 218.00	103 741 346 588.00	496 845 871 676.00	100 085 787 790.00

资产总计	541 762 283 984.00	104 940 053 972.00	573 617 337 800.00	101 197 390 564.00
流动负债：				
短期借款	15 132 619 893.00		24 318 709 902.00	
应付票据及应付账款	108 702 531 748.00		118 909 887 525.00	
应付票据	99 657 098.00		48 763 558.00	
应付账款	108 602 874 650.00		118 861 123 967.00	
预收款项	328 100 718.00		49 896 910 698.00	
合同负债	42 968 208 117.00			
应付职工薪酬	8 263 357 851.00		5 935 674 406.00	
应交税费	911 509 284.00	313 313.00	1 121 249 660.00	5 714.00
其他应付款（合计）	16 326 179 386.00	6 603 771.00	13 610 374 155.00	7 945 411.00
应付利息	324 462 805.00		723 179 269.00	
应付股利	2 266 014.00		2 266 014.00	
其他应付款	15 999 450 567.00		12 884 928 872.00	7 945 411.00
一年内到期的非流动负债	17 763 739 166.00		18 830 557 820.00	
其他流动负债	3 397 762 622.00		8 990 833 333.00	
流动负债合计	213 794 008 785.00	6 917 084.00	241 614 197 499.00	7 951 125.00
非流动负债：				
长期借款	3 173 172 976.00		3 473 122 937.00	
应付债券	998 985 859.00		17 981 334 362.00	
长期应付款（合计）	3 055 491 131.00	2 993 014 742.00	321 520 929.00	
长期应付款	3 055 491 131.00		321 520 929.00	
长期应付职工薪酬	65 735 166.00		64 133 145.00	
递延所得税负债	125 457 945.00		124 585 795.00	
递延收益——非流动负债	3 609 138 904.00		3 020 080 018.00	
非流动负债合计	11 027 981 981.00	2 993 014 742.00	24 984 777 186.00	
负债合计	224 821 990 766.00	2 999 931 826.00	266 598 974 685.00	7 951 125.00
所有者权益（或股东权益）：				
实收资本（或股本）	31 027 811 687.00	31 027 811 687.00	30 233 950 687.00	30 233 950 687.00
资本公积金	79 543 568 623.00	72 448 610 693.00	76 346 331 405.00	69 619 818 503.00
减：库存股	2 993 014 742.00	2 993 014 742.00		
其他综合收益	−2 503 550 854.00		−2 395 862 753.00	
盈余公积金	1 412 023 687.00	1 412 023 687.00	1 338 484 194.00	1 338 484 194.00
一般风险准备	205 458 044.00		97 055 713.00	
未分配利润	33 452 065 245.00	44 690 821.00	29 773 369 882.00	−2 813 945.00
归属于母公司所有者权益合计	140 144 361 690.00	101 940 122 146.00	135 393 329 128.00	101 189 439 439.00
少数股东权益	176 795 931 528.00		171 625 033 987.00	
所有者权益合计	316 940 293 218.00	101 940 122 146.00	307 018 363 115.00	101 189 439 439.00
负债和所有者权益总计	541 762 283 984.00	104 940 053 972.00	573 617 337 800.00	101 197 390 564.00

2. 利润表

单位：元

	2018 年	2018 年	2017 年	2017 年
报告期	年报	年报	年报	年报
报表类型	合并报表	母公司报表	合并报表	母公司报表
一、营业总收入	290 876 776 866.00		274 828 946 271.00	
其中：营业收入	290 876 776 866.00		274 828 946 271.00	
二、营业总成本	277 669 099 110.00	−37 453 653.00	271 716 995 686.00	11 133 122.00
其中：营业成本	213 585 637 513.00		206 976 717 931.00	
税金及附加	1 389 470 984.00	2 898 119.00	1 282 026 506.00	30 838 648.00
销售费用	35 169 715 460.00		34 085 464 556.00	
管理费用	22 925 119 665.00	9 113 588.00	21 333 649 695.00	8 879 834.00
研发费用	872 225 770.00			
财务费用	−137 779 791.00	−49 465 360.00	4 079 005 515.00	−28 585 360.00
其中：利息费用	1 539 367 075.00			
利息收入	1 735 244 249.00	53 201 547.00		
资产减值损失	255 174 449.00		3 960 131 483.00	
信用减值损失	3 609 535 060.00			
加：其他收益	185 213 758.00		196 404 572.00	
投资净收益	2 475 567 494.00	699 083 224.00	1 700 162 042.00	
其中：对联营企业和合营企业的投资收益	2 236 077 532.00		1 466 546 786.00	
公允价值变动净收益	24 695 000.00		−6 412 429.00	

资产处置收益	−3 971 803 149.00		−3 488 897 716.00	
三、营业利润	11 921 350 859.00	736 536 877.00	1 513 207 054.00	−11 133 122.00
加：营业外收入	746 105 117.00	13 996.00	1 047 053 650.00	143 072.00
减：营业外支出	592 093 089.00	1 155 943.00	182 393 888.00	122 038.00
四、利润总额	12 075 362 887.00	735 394 930.00	2 377 866 816.00	−11 112 088.00
减：所得税	2 774 699 072.00		693 908 707.00	
五、净利润	9 300 663 815.00	735 394 930.00	1 683 958 109.00	−11 112 088.00
持续经营净利润	9 300 663 815.00	735 394 930.00	1 683 958 109.00	−11 112 088.00
减：少数股东损益	5 219 892 088.00		1 258 113 455.00	
归属于母公司所有者的净利润	4 080 771 727.00	735 394 930.00	425 844 654.00	−11 112 088.00
加：其他综合收益	−245 092 538.00		−229 986 960.00	
六、综合收益总额	9 055 571 277.00	735 394 930.00	1 453 971 149.00	−11 112 088.00
减：归属于少数股东的综合收益总额	5 082 487 651.00		1 135 402 658.00	
归属于母公司普通股东综合收益总额	3 973 083 626.00	735 394 930.00	318 568 491.00	−11 112 088.00
七、每股收益：				
基本每股收益	0.132 1		0.018 8	
稀释每股收益	0.132 1		0.018 8	

3. 现金流量表

单位：元

	2018-12-31	2018-12-31	2017-12-31	2017-12-31
报告期	年报	年报	年报	年报
报表类型	合并报表	母公司报表	合并报表	母公司报表
一、经营活动产生的现金流量：				
销售商品、提供劳务收到的现金	304 481 289 440.00		293 198 161 648.00	
收到的税费返还	403 399 357.00		602 261 724.00	
收到其他与经营活动有关的现金	3 169 874 675.00	61 298 627.00	2 023 296 977.00	28 867 290.00
经营活动现金流入小计	308 054 563 472.00	61 298 627.00	295 823 720 349.00	28 867 290.00
购买商品、接受劳务支付的现金	156 093 700 049.00	9 971 710.00	151 122 715 803.00	8 055 414.00
支付给职工以及为职工支付的现金	44 702 255 602.00		41 242 867 787.00	
支付的各项税费	7 614 984 525.00	14 275 601.00	8 156 451 535.00	30 838 648.00
支付其他与经营活动有关的现金	4 813 897 949.00	4 892 130.00	3 966 313 195.00	1 536 520.00
经营活动现金流出小计	213 224 838 125.00	29 139 441.00	204 488 348 320.00	40 430 582.00
经营活动产生的现金流量净额	94 829 725 347.00	32 159 186.00	91 335 372 029.00	−11 563 292.00
二、投资活动产生的现金流量：				
收回投资收到的现金			60 299 281.00	
取得投资收益收到的现金	259 275 327.00	699 083 224.00	176 622 009.00	
处置固定资产、无形资产和其他长期资产收回的现金净额	1 089 785 558.00		22 120 837 893.00	
收到其他与投资活动有关的现金	9 451 686 844.00		503 189 233.00	
投资活动现金流入小计	10 800 747 729.00	699 083 224.00	22 860 948 416.00	

购建固定资产、无形资产和其他长期资产支付的现金	56 823 254 789.00		65 629 616 973.00	
投资支付的现金	1 556 010 002.00		767 726 874.00	61 534 124 689.00
支付其他与投资活动有关的现金	13 588 500 146.00	3 042 122 315.00	3 797 399 773.00	
投资活动现金流出小计	71 967 764 937.00	3 042 122 315.00	70 194 743 620.00	61 534 124 689.00
投资活动产生的现金流量净额	−61 167 017 208.00	−2 343 039 091.00	−47 333 795 204.00	--61 534 124 689.00
三、筹资活动产生的现金流量：				
吸收投资收到的现金	3 016 033 190.00	3 008 733 190.00	74 959 869 733.00	61 540 129 814.00
其中：子公司吸收少数股东投资收到的现金	7 300 000.00		13 419 739 919.00	
取得借款收到的现金	53 287 325 382.00		151 749 170 627.00	
收到其他与筹资活动有关的现金	2 233 338 088.00		12 303 722.00	
筹资活动现金流入小计	58 536 696 660.00	3 008 733 190.00	226 721 344 082.00	61 540 129 814.00
偿还债务支付的现金	90 468 088 413.00		254 398 276 451.00	
分配股利、利润或偿付利息支付的现金	3 938 559 553.00	614 350 671.00	6 293 369 284.00	
支付其他与筹资活动有关的现金	679 820 599.00		695 146 771.00	
筹资活动现金流出小计	95 086 468 565.00	614 350 671.00	261 386 792 506.00	
筹资活动产生的现金流量净额	−36 549 771 905.00	2 394 382 519.00	−34 665 448 424.00	61 540 129 814.00
四、汇率变动对现金的影响	74 144 829.00		−101 412 747.00	
五、现金及现金等价物净增加额	−2 812 918 937.00	83 502 614.00	9 234 715 654.00	−5 558 167.00
加：期初现金及现金等价物余额	32 875 825 419.00	183 142 610.00	23 641 109 765.00	188 700 777.00
六、期末现金及现金等价物余额	30 062 906 482.00	266 645 224.00	32 875 825 419.00	183 142 610.00

附录4　天神娱乐2016—2017年度财务报表

1. 资产负债表

单位：元

报告期	2017-12-31 年报	2017-12-31 年报	2016-12-31 年报	2016-12-31 年报
报表类型	合并报表	母公司报表	合并报表	母公司报表
流动资产：				
货币资金	1 821 935 167.82	764 137 267.29	557 389 179.05	42 801 183.77
应收票据及应收账款	644 480 407.37		408 152 490.02	
应收票据	1 000 000.00			
应收账款	643 480 407.37		408 152 490.02	
预付款项	145 316 958.97	12 742 837.32	23 391 424.10	349 333.32
其他应收款（合计）	354 886 737.49	879 187 490.70	96 162 538.14	304 382 558.92
应收股利	1 017 275.60	199 005 969.38		110 000 000.00
应收利息	780 063.25			
其他应收款	353 089 398.64	680 181 521.32	96 162 538.14	194 382 558.92
存货	48 631 804.28			
一年内到期的非流动资产			1 700 761.84	
其他流动资产	280 955 900.58		57 228 634.92	
流动资产合计	3 296 206 976.51	1 656 067 595.31	1 144 025 028.07	347 533 076.01
非流动资产：				
可供出售金融资产	1 575 311 291.50	621 000 000.00	1 463 163 300.46	311 000 000.00
长期股权投资	2 319 702 475.14	10 879 117 789.06	67 653 795.96	6 046 399 904.80
固定资产（合计）	28 374 938.58	99 262.22	11 796 929.48	19 430.76
固定资产	28 374 938.58	99 262.22	11 796 929.48	19 430.76
无形资产	141 687 875.24		41 253 832.45	
商誉	6 541 432 761.15		4 552 774 567.44	
长期待摊费用	59 931 135.99	8 291 403.66	8 984 312.23	
递延所得税资产	25 557 925.96	1 353 185.00	33 470 720.83	
其他非流动资产	412 233 154.73	2 991 890.00	67 137 735.40	1 100 000.00
非流动资产合计	11 104 231 558.29	11 512 853 529.94	6 246 235 194.25	6 358 519 335.56
资产总计	14 400 438 534.80	13 168 921 125.25	7 390 260 222.32	6 706 052 411.57

流动负债：				
短期借款	726 250 000.00	515 500 000.00	61 000 000.00	
应付票据及应付账款	316 467 674.37		89 656 271.74	
应付账款	316 467 674.37		89 656 271.74	
预收款项	81 219 030.46		14 864 072.40	
应付职工薪酬	64 782 280.95	7 924 941.91	26 239 487.02	6 132 376.21
应交税费	63 640 265.69	8 237 412.93	44 555 480.30	203.36
其他应付款（合计）	1 917 508 469.85	2 139 701 609.59	715 664 780.73	490 263 150.20
应付利息	77 392 814.65	76 982 447.92	312 017.85	
应付股利	8 003 934.49			
其他应付款	1 832 111 720.71	2 062 719 161.67	715 352 762.88	490 263 150.20
其他流动负债	64 834 574.08		3 252 460.28	
流动负债合计	3 234 702 295.40	2 671 363 964.43	955 232 552.47	496 395 729.77
非流动负债：				
长期借款			99 921 400.00	
应付债券	992 992 356.18	992 992 356.18		
长期应付款（合计）	490 716 000.00		490 716 000.00	
长期应付款	490 716 000.00		490 716 000.00	
预计负债	17 277 010.32	4 656 798.32		
递延所得税负债	111 007 480.28	36 250 000.00	152 667 435.76	
递延收益	7 153 603.19		8 573 551.42	
非流动负债合计	1 619 146 449.97	1 033 899 154.50	751 878 387.18	
负债合计	4 853 848 745.37	3 705 263 118.93	1 707 110 939.65	496 395 729.77
所有者权益（或股东权益）：				
实收资本（或股本）	936 846 900.00	936 846 900.00	292 086 511.00	292 086 511.00
资本公积金	5 959 179 262.40	8 316 754 150.46	3 557 240 569.05	5 914 815 457.11
减：库存股	82 068 000.00	82 068 000.00	154 792 000.00	154 792 000.00
其他综合收益	201 657 970.53	—35 008 243.16	707 017 286.05	
盈余公积金	49 088 595.24	51 612 163.85	16 408 000.00	18 931 568.61
未分配利润	2 122 004 639.37	275 521 035.17	1 266 425 432.27	138 615 145.08
归属于母公司所有者权益合计	9 186 709 367.54	9 463 658 006.32	5 684 385 798.37	6 209 656 681.80
少数股东权益	359 880 421.89		—1 236 515.70	
所有者权益合计	9 546 589 789.43	9 463 658 006.32	5 683 149 282.67	6 209 656 681.80
负债和所有者权益总计	14 400 438 534.80	13 168 921 125.25	7 390 260 222.32	6 706 052 411.57

2. 利润表

单位：元

	2017年	2017年	2016年	2016年
报告期	年报	年报	年报	年报
报表类型	合并报表	母公司报表	合并报表	母公司报表
一、营业总收入	3 101 374 995.27	0.00	1 674 860 621.67	0.00
其中：营业收入	3 101 374 995.27	0.00	1 674 860 621.67	0.00
二、营业总成本	2 180 411 078.34	171 456 964.86	1 151 369 658.24	52 543 985.14
其中：营业成本	1 073 549 556.55	0.00	681 953 910.48	0.00
毛利（作者计算）	2 027 825 438.72		992 906 711.19	
毛利率（作者计算）	65.38%		59.28%	
税金及附加	14 762 897.85	2 807 166.59	5 334 404.04	
销售费用	235 039 391.35		76 143 525.89	
管理费用	645 302 065.19	67 799 526.88	343 751 924.87	43 295 708.01
财务费用	117 203 541.00	101 245 529.64	14 493 930.49	8 097 077.18
核心利润（作者计算）	1 015 517 543.33	未计算	553 182 925.90	未计算
核心利润率（作者计算）	32.74%	未计算	33.03%	未计算
核心利润获现率（作者计算）	88.01%	未计算	90.78%	未计算
资产减值损失	94 553 626.40	−395 258.25	29 691 962.47	1 151 199.95
加：其他收益	5 445 284.71			
投资净收益	436 171 969.31	553 958 550.53	38 378 979.12	131 803 500.00
其中：对联营企业和合营企业的投资收益	42 402 449.29	51 249 568.70	−12 823 244.01	

公允价值变动净收益	−4 656 798.32	−4 656 798.32		
资产处置收益	4 503.07			
三、营业利润	1 357 928 875.70	377 844 787.35	561 869 942.55	79 259 514.86
加：营业外收入	3 155 021.99	0.40	8 203 964.71	
减：营业外支出	28 698 522.95	11 461 569.20	1 233 072.08	
四、利润总额	1 332 385 374.74	366 383 218.55	568 840 835.18	79 259 514.86
减：所得税	92 062 359.09	39 577 266.13	23 262 771.04	
五、每股收益：				
基本每股收益	1.174 2		1.870 0	
稀释每股收益	1.174 2		1.870 0	

3. 现金流量表

单位：元

报告期	2017-12-31	2017-12-31	2016-12-31	2016-12-31
	年报	年报	年报	年报
报表类型	合并报表	母公司报表	合并报表	母公司报表
一、经营活动产生的现金流量：				
销售商品、提供劳务收到的现金	2 925 880 010.82		1 778 396 181.86	
收到的税费返还	4 525 329.98		4 785 607.15	
收到其他与经营活动有关的现金	325 626 016.60	400 529 995.90	49 982 887.96	184 687 698.55
经营活动现金流入小计	3 256 031 357.40	400 529 995.90	1 833 164 676.97	184 687 698.55
购买商品、接受劳务支付的现金	1 007 837 054.69		731 140 163.59	1 419 684.30
支付给职工以及为职工支付的现金	397 528 732.79	19 520 775.24	189 974 839.69	13 145 650.49
支付的各项税费	119 370 594.68	30 744 980.71	87 345 460.45	22 408.18
支付其他与经营活动有关的现金	837 035 743.71	826 456 379.28	322 542 516.63	377 445 133.04
经营活动现金流出小计	2 361 772 125.87	876 722 135.23	1 331 002 980.36	392 032 876.01
经营活动产生的现金流量净额	894 259 231.53	−476 192 139.33	502 161 696.61	−207 345 177.46
二、投资活动产生的现金流量：				
收回投资收到的现金	583 099 828.19	104 972 825.19	1 743 740 878.56	234 816 000.00
取得投资收益收到的现金	13 214 713.66	63 800 000.00	15 260 767.18	95 000 000.00
处置固定资产、无形资产和其他长期资产收回的现金净额	965 667.54		347 380.34	
投资活动现金流入小计	597 280 209.39	168 772 825.19	1 759 349 026.08	329 816 000.00
购建固定资产、无形资产和其他长期资产支付的现金	20 710 051.46	101 242.00	10 773 753.15	17 997.00

投资支付的现金	1 561 904 238.03	414 891 890.00	439 156 850.00	321 725 000.00
取得子公司及其他营业单位支付的现金净额	520 966 669.64	855 825 000.00	381 469 996.25	7 440 048.11
支付其他与投资活动有关的现金	269 366 821.47			
投资活动现金流出小计	2 372 947 780.60	1 270 818 132.00	831 400 599.40	329 183 045.11
投资活动产生的现金流量净额	−1 775 667 571.21	−1 102 045 306.81	927 948 426.68	632 954.89
三、筹资活动产生的现金流量：				
吸收投资收到的现金	1 002 079 981.31	1 001 079 981.31		
其中：子公司吸收少数股东投资收到的现金				
取得借款收到的现金	958 250 000.00	665 500 000.00	316 895 058.44	150 000 000.00
收到其他与筹资活动有关的现金			55 000 000.00	
发行债券收到的现金	988 334 000.00	988 334 000.00		
筹资活动现金流入小计	2 948 663 981.31	2 654 913 981.31	371 895 058.44	150 000 000.00
偿还债务支付的现金	402 921 400.00	150 000 000.00	473 800 000.00	150 000 000.00
分配股利、利润或偿付利息支付的现金	312 426 452.54	149 840 451.65	125 140 067.10	82 663 028.61
其中：子公司支付给少数股东的股利、利润	131 818 598.90			
支付其他与筹资活动有关的现金	55 500 000.00	55 500 000.00	1 386 274 187.37	
筹资活动现金流出小计	770 847 852.54	355 340 451.65	1 985 214 254.47	232 663 028.61
筹资活动产生的现金流量净额	2 177 816 128.77	2 299 573 529.66	−1 613 319 196.03	−82 663 028.61
四、汇率变动对现金的影响	−31 913 945.95		17 049 510.09	
五、现金及现金等价物净增加额	1 264 493 843.14	721 336 083.52	−166 159 562.65	−289 375 251.18
加：期初现金及现金等价物余额	557 389 179.05	42 801 183.77	723 548 741.70	332 176 434.95
六、期末现金及现金等价物余额	1 821 883 022.19	764 137 267.29	557 389 179.05	42 801 183.77

附录5　长城汽车2016—2017年度财务报表

1. 资产负债表

单位：元

	2017-12-31	2017-12-31	2016-12-31	2016-12-31
报告期	年报	年报	年报	年报
报表类型	合并报表	母公司报表	合并报表	母公司报表
流动资产：				
货币资金	4 831 349 325	9 134 056 316	2 153 603 558	3 706 746 489
交易性金融资产	317 994 432			
应收票据	49 075 108 591	48 761 099 726	39 786 248 863	39 004 100 734
应收账款	873 444 977	1 258 275 245	517 976 747	536 094 994
预付款项	579 536 182	564 271 709	1 057 180 424	1 135 024 496
应收利息	28 355 789	92 022 314	12 418 122	12 203 875
其他应收款	297 891 725	384 121 491	251 011 871	158 182 315
存货	5 574 771 950	3 934 171 563	6 061 138 218	2 917 339 904
一年内到期的非流动资产	7 447 875 069	850 339 959	1 201 702 065	669 101 300
可供出售金融资产			1 438 000 000	1 390 000 000
其他流动资产	267 000 054	184 564 260	1 448 753 671	1 396 101 134
流动资产合计	69 293 328 093	65 162 922 583	53 928 033 539	50 924 895 240
非流动资产：				
发放贷款及垫款	4 428 694 699		3 076 249 653	
可供出售金融资产	7 700 000	7 700 000	7 700 000	7 700 000
长期应收款			1 361 193 482	1 361 193 482
长期股权投资		5 273 861 404		4 573 289 565
投资性房地产	126 047 996	99 008 359	128 146 874	92 513 725
固定资产	27 718 007 519	26 016 325 677	24 714 953 083	22 838 140 752
在建工程	4 878 838 564	3 698 255 220	4 859 178 711	4 498 461 602
无形资产	3 268 606 352	2 995 386 690	3 210 710 563	2 982 633 028
商誉	2 163 713		4 972 731	
长期待摊费用	132 678 242	130 687 917	54 066 910	52 620 325

递延所得税资产	691 008 604	234 019 469	963 955 023	265 433 278
非流动资产合计	41 253 745 689	38 455 244 736	38 381 127 028	36 671 985 758
资产总计	110 547 073 782	103 618 167 319	92 309 160 567	87 596 880 998
流动负债：				
短期借款	13 037 978 000	9 099 900 000	250 000 000	
应付票据	3 879 647 201	3 856 869 009	4 164 982 676	4 123 771 449
应付账款	27 961 741 671	30 380 110 621	25 007 335 077	27 622 083 830
预收款项	5 457 772 640	5 813 568 598	6 311 928 102	3 510 866 921
应付职工薪酬	1 872 028 904	1 698 280 514	1 966 848 265	1 685 822 763
应交税费	2 308 154 256	1 993 598 785	1 978 393 498	1 628 786 090
应付利息	55 350 659	27 912 465	924 377	
其他应付款	2 512 899 879	2 205 336 043	2 043 696 694	2 044 152 043
一年内到期的非流动负债	142 533 396	73 834 295	105 170 607	86 366 189
其他流动负债	1 653 117 142	781 949 683	1 422 960 496	403 807 475
流动负债合计	58 881 223 748	55 931 360 012	43 252 239 792	41 105 656 760
非流动负债：				
长期借款	423 754 500		49 800 000	
递延所得税负债	20 613 846		2 328 903	
递延收益	1 963 520 037	1 275 155 776	1 651 147 353	1 343 014 015
非流动负债合计	2 407 888 383	1 275 155 776	1 703 276 256	1 343 014 015
负债合计	61 289 112 131	57 206 515 788	44 955 516 049	42 448 670 775
所有者权益（或股东权益）：				
实收资本（或股本）	9 127 269 000	9 127 269 000	9 127 269 000	9 127 269 000
资本公积金	1 411 231 014	1 464 187 306	1 411 231 014	1 464 187 306
其他综合收益	3 056 451		−1 502 334	
盈余公积金	5 062 440 730	3 967 512 617	4 575 014 413	3 521 714 071
未分配利润	33 530 533 212	31 852 682 608	32 182 789 641	31 035 039 846
归属于母公司所有者权益合计	49 134 530 407	46 411 651 530	47 294 801 734	45 148 210 223
少数股东权益	123 431 243		58 842 784	
所有者权益合计	49 257 961 650	46 411 651 530	47 353 644 518	45 148 210 223
负债和所有者权益总计	110 547 073 782	103 618 167 319	92 309 160 567	87 596 880 998

2. 利润表

单位：元

	2017年	2017年	2016年	2016年
报告期	年报	年报	年报	年报
报表类型	合并报表	母公司报表	合并报表	母公司报表
一、营业总收入	101 169 488 828	94 694 068 784	98 615 702 427	96 096 775 364
其中：营业收入	100 491 618 179	94 694 068 784	98 443 665 116	96 096 775 364
其他类金融业务收入	677 870 649		172 037 311	
二、营业总成本	95 777 405 782	92 451 680 898	86 369 570 982	86 294 226 548
其中：营业成本	81 966 903 619	81 427 360 856	74 360 223 523	77 217 756 933
税金及附加	3 905 688 131	3 789 627 367	3 832 806 426	3 666 120 905
销售费用	4 406 397 762	2 429 895 769	3 175 424 411	858 259 703
管理费用	4 963 038 731	4 605 432 262	4 574 696 894	4 230 206 365
财务费用	138 601 074	−6 980 207	−3 858 556	−26 812 863
资产减值损失	317 078 673	206 344 852	413 153 034	348 695 505
其他业务成本（金融类）	79 697 792		17 125 250	
其他经营收益	299 620 863	2 101 638 922	30 347 821	2 292 278 839
公允价值变动净收益	175 396 032			
投资净收益	124 224 831	2 101 638 922	30 347 821	2 292 278 839
资产处置收益	−3 808 085	−5 964 618		
其他收益	166 256 586	100 487 115		
三、营业利润	5 854 152 410	4 438 549 305	12 276 479 267	12 094 827 654

加：营业外收入	390 688 537	291 641 214	248 928 208	191 347 957
减：营业外支出	11 874 951	9 374 524	42 346 682	41 047 572
其中：非流动资产处置净损失			17 127 374	20 918 685
四、利润总额	6 232 965 995	4 720 815 995	12 483 060 793	12 245 128 039
减：所得税	1 189 579 539	262 830 538	1 929 106 149	1 341 786 831
五、净利润	5 043 386 457	4 457 985 457	10 553 954 644	10 903 341 209
减：少数股东损益	16 088 459		2 795 760	
归属于母公司所有者的净利润	5 027 297 998	4 457 985 457	10 551 158 884	10 903 341 209
加：其他综合收益	4 558 785		146 471 631	
六、综合收益总额	5 047 945 242	4 457 985 457	10 700 426 275	10 903 341 209
减：归属于少数股东的综合收益总额	16 088 459		2 795 760	
归属于母公司普通股东综合收益总额	5 031 856 783	4 457 985 457	10 697 630 515	10 903 341 209

3. 现金流量表

单位：元

	2017-12-31	2017-12-31	2016-12-31	2016-12-31
报告期	年报	年报	年报	年报
报表类型	合并报表	母公司报表	合并报表	母公司报表
一、经营活动产生的现金流量：				
销售商品、提供劳务收到的现金	118 613 788 261	105 157 134 278	99 640 709 468	95 918 139 073
收到的税费返还	125 818 769	396 511	46 523 185	56 316
收到其他与经营活动有关的现金	527 012 090	553 849 339	283 072 186	111 580 447
经营活动现金流入（金融类）	4 215 263 598		414 749 749	
经营活动现金流入小计	123 481 882 717	105 711 380 128	100 385 054 588	96 029 775 836
购买商品、接受劳务支付的现金	96 239 337 185	89 259 225 721	69 116 024 232	72 730 419 359
支付给职工以及为职工支付的现金	8 571 805 776	7 585 091 676	6 837 381 504	5 434 949 651
支付的各项税费	7 004 353 614	5 558 905 727	8 749 960 765	6 680 528 704
支付其他与经营活动有关的现金	5 138 322 433	2 442 189 177	4 181 898 329	1 646 007 435
经营活动现金流出（金融类）	7 604 733 776		2 664 383 524	
经营活动现金流出小计	124 558 552 784	104 845 412 301	91 549 648 354	86 491 905 149
经营活动产生的现金流量净额	−1 076 670 067	865 967 828	8 835 406 234	9 537 870 686
三、投资活动产生的现金流量：				
收回投资收到的现金	31 162 500 000	29 737 514 038	19 447 100 000	18 608 000 000
取得投资收益收到的现金	136 875 618	2 104 844 337	36 852 878	2 501 286 843
处置固定资产、无形资产和其他长期资产收回的现金净额	65 115 254	65 733 511	5 548 426	9 442 746
收到其他与投资活动有关的现金	17 375 283	16 415 283	72 908 823	272 908 823

投资活动现金流入差额（特殊报表科目）				206 830 508
投资活动现金流入小计	31 381 866 154	31 924 507 169	19 562 410 127	21 598 468 920
购建固定资产、无形资产和其他长期资产支付的现金	5 822 414 765	5 338 252 003	6 684 140 111	6 195 582 649
投资支付的现金	28 615 073 200	27 788 846 756	21 135 600 000	20 829 150 763
取得子公司及其他营业单位支付的现金净额			12 130 564	21 500 000
支付其他与投资活动有关的现金			98 000 000	98 000 000
投资活动现金流出小计	34 437 487 965	33 127 098 759	27 929 870 676	27 144 233 412
投资活动产生的现金流量净额	−3 055 621 811	−1 202 591 590	−8 367 460 548	−5 545 764 492
三、筹资活动产生的现金流量：				
吸收投资收到的现金	65 000 000			
取得借款收到的现金	17 262 037 734	15 340 205 234		
收到其他与筹资活动有关的现金			921 640 081	354 493 646
筹资活动现金流入小计	17 327 037 734	15 340 205 234	921 640 081	354 493 646
偿还债务支付的现金	7 150 305 234	6 240 305 234	300 200 000	
分配股利、利润或偿付利息支付的现金	3 361 970 286	3 329 064 509	1 737 766 740	1 737 766 740
其中：子公司支付给少数股东的股利、利润	16 500 000			
支付其他与筹资活动有关的现金	725 500 371	429 084 816		
筹资活动现金流出小计	11 237 775 891	9 998 454 559	2 037 966 740	1 737 766 740
筹资活动产生的现金流量净额	6 089 261 843	5 341 750 675	−1 116 326 660	−1 383 273 095
四、汇率变动对现金的影响	−4 724 570	−6 901 901	81 860 320	−2 136 724
五、现金及现金等价物净增加额	1 952 245 396	4 998 225 012	−566 520 654	2 606 696 376
加：期初现金及现金等价物余额	1 891 844 334	3 623 217 685	2 458 364 987	1 016 521 309
六、期末现金及现金等价物余额	3 844 089 730	8 621 442 697	1 891 844 334	3 623 217 685

附录6　汤臣倍健2017—2018年度财务报表

1. 资产负债表

单位：元

	2018-12-31	2018-12-31	2017-12-31	2017-12-31
报告期	年报	年报	年报	年报
报表类型	合并报表	母公司报表	合并报表	母公司报表
流动资产：				
货币资金	1 812 995 783.26	1 015 195 977.42	2 654 826 917.48	1 488 562 109.00
应收票据及应收账款	248 536 478.71	129 746 421.73	181 023 465.11	331 879 660.53
应收票据	27 064 209.70	3 350 000.00	26 589 940.50	23 471 724.11
应收账款	221 472 269.01	126 396 421.73	154 433 524.61	308 407 936.42
预付款项	56 216 032.82	21 399 971.90	13 745 317.21	3 080 709.47
其他应收款（合计）	32 485 538.07	563 148 738.99	55 285 111.01	448 728 539.57
应收利息	19 942 197.58	19 077 448.87	46 791 108.23	41 093 957.91
其他应收款	12 543 340.49	544 071 290.12	8 494 002.78	407 634 581.66
存货	671 493 076.88	368 134 899.00	422 103 285.71	280 567 700.30
划分为持有待售的资产	160 000 000.00	160 000 000.00		
其他流动资产	1 113 906 809.71	966 437 213.24	731 479 901.09	654 821 122.20
流动资产合计	4 095 633 719.45	3 224 063 222.28	4 058 463 997.61	3 207 639 841.07
非流动资产：				
可供出售金融资产	658 737 731.36	463 136 531.36	757 615 249.63	702 074 549.63
长期应收款				299 600 000.00
长期股权投资	250 395 406.42	2 383 834 798.03	146 930 547.00	629 223 037.63
投资性房地产	176 686 866.43	76 757 564.44	173 691 651.41	92 487 092.25
固定资产（合计）	657 780 070.86	586 304 227.03	659 902 890.80	582 643 389.42
固定资产	657 780 070.86		659 902 890.80	582 643 389.42
在建工程（合计）	61 945 017.15	56 761 697.89	10 158 575.80	9 807 928.89
在建工程	61 945 017.15		10 158 575.80	9 807 928.89
无形资产	1 562 931 784.51	74 209 861.38	183 890 177.29	80 671 932.82
开发支出	36 544 856.67	35 806 882.55	40 142 595.87	39 659 146.99
商誉	2 165 661 155.00			
长期待摊费用	2 717 666.68	2 338 214.37	3 316 385.88	2 506 098.11
递延所得税资产	102 260 338.96	25 381 336.48	76 006 132.08	10 307 310.12
其他非流动资产	19 150 876.35	19 077 326.83	3 491 439.38	3 377 423.63

非流动资产合计	5 694 811 770.39	3 723 608 440.36	2 055 145 645.14	2 452 357 909.49
资产总计	9 790 445 489.84	6 947 671 662.64	6 113 609 642.75	5 659 997 750.56
流动负债：				
短期借款	158 112 698.00			
应付票据及应付账款	339 170 602.91	262 819 093.94	275 340 408.60	225 010 903.85
应付票据				
应付账款	339 170 602.91		275 340 408.60	225 010 903.85
预收款项	330 537 995.34	186 378 077.35	179 646 869.11	2 504 492.02
应付职工薪酬	251 834 197.67	61 329 973.65	167 189 568.42	72 267 980.65
应交税费	105 422 005.70	63 235 508.40	49 822 571.99	24 453 410.80
其他应付款（合计）	306 104 592.78	111 977 933.68	240 577 337.32	123 808 455.04
应付利息	3 481 501.95	527 425.68		
应付股利			3 445 000.00	3 445 000.00
其他应付款	302 623 090.83		237 132 337.32	120 363 455.04
其他流动负债			14 967.91	14 967.91
流动负债合计	1 491 182 092.40	685 740 587.02	912 591 723.35	448 060 210.27
非流动负债：				
长期借款	892 500 000.00	410 000 000.00		
长期应付职工薪酬	2 130 498.00			
预计负债			17 820.00	17 820.00
递延所得税负债	406 506 343.39	9 110 383.58	11 188 597.06	9 855 907.72
递延收益	110 177 269.12	110 177 269.12	57 851 825.10	57 851 825.10
非流动负债合计	1 411 314 110.51	529 287 652.70	69 058 242.16	67 725 552.82
负债合计	2 902 496 202.91	1 215 028 239.72	981 649 965.51	515 785 763.09
所有者权益（或股东权益）：				
实收资本（或股本）	1 468 817 880.00	1 468 817 880.00	1 469 271 880.00	1 469 271 880.00
资本公积金	2 023 087 882.52	2 021 300 919.33	2 031 911 542.64	2 011 771 531.36
减：库存股	51 206 400.00	51 206 400.00	80 692 500.00	80 692 500.00
其他综合收益	−36 924 178.58		10 137 283.41	7 704 269.17
盈余公积金	461 438 879.22	460 040 624.64	357 244 371.51	355 846 116.93
未分配利润	1 726 572 135.97	1 833 690 398.95	1 312 952 504.23	1 380 310 690.01
归属于母公司所有者权益合计	5 591 786 199.13	5 732 643 422.92	5 100 825 081.79	5 144 211 987.47
少数股东权益	1 296 163 087.80		31 134 595.45	
所有者权益合计	6 887 949 286.93	5 732 643 422.92	5 131 959 677.24	5 144 211 987.47
负债和所有者权益总计	9 790 445 489.84	6 947 671 662.64	6 113 609 642.75	5 659 997 750.56

2. 利润表

单位：元

	2018年	2018年	2017年	2017年
报告期	年报	年报	年报	年报
报表类型	合并报表	母公司报表	合并报表	母公司报表
一、营业总收入	4 350 775 627. 15	2 833 823 758. 05	3 110 795 387. 73	2 053 555 396. 54
其中：营业收入	4 350 775 627. 15	2 833 823 758. 05	3 110 795 387. 73	2 053 555 396. 54
二、营业总成本	3 322 332 042. 60	1 704 453 216. 16	2 367 269 286. 14	1 288 190 642. 17
其中：营业成本	1 406 921 731. 52	1 286 961 696. 55	1 024 145 480. 92	966 298 467. 97
毛利（作者计算）	2 943 853. 895. 63	1 546 862 061. 50	2 086 649 906. 81	1 087 256 928. 57
毛利率（作者计算）	67. 66%	54. 59%	67. 08%	52. 95%
税金及附加	63 129 906. 17	36 731 920. 29	45 706 832. 21	28 505 726. 73
销售费用	1 280 078 079. 79	155 598 890. 75	973 267 003. 24	106 547 063. 60
销售费用率	29. 43	5. 49%	31. 29%	5. 19%
管理费用	400 911 499. 60	110 580 644. 76	306 025 490. 74	197 511 527. 17
研发费用	103 489 887. 46	93 011 014. 12		
管理费用率①（作者计算）	11. 59%	7. 18%	9. 83%	9. 62%
财务费用	−21 200 744. 40	−24 534 890. 15	−46 227 640. 18	−30 513 159. 62
核心利润（作者计算）	1 117 445 267. 01	1 175 474 481. 73	807 878 220. 80	785 205 770. 69
核心利润率（作者计算）	25. 68%	41. 48%	25. 97%	38. 24
核心利润获现率（作者计算）	1. 21	1. 31	1. 18	1. 04
其中：利息费用	17 586 256. 06	8 297 950. 68		

① 为与上年同口径，本年将研发费用加回到管理费用中。

利息收入	43 550 846.14	24 955 058.12		
资产减值损失	89 001 682.46	46 103 939.84	64 352 119.21	19 841 016.32
加：其他收益	26 332 186.35	25 926 524.96	8 965 120.00	7 035 120.00
投资净收益	47 982 281.87	45 592 293.46	125 867 763.95	121 119 088.80
投资收益获现率（取得投资收益收到的现金/投资收益）	1.03	1.05	0.22	0.19
其中：对联营企业和合营企业的投资收益	−5 535 140.58	−5 535 140.58	−5 096 377.42	−5 096 377.42
资产处置收益	−160 902.22	−239 466.71		
三、营业利润	1 102 597 150.55	1 200 649 893.60	878 358 985.54	893 518 963.17
加：营业外收入	48 163 783.17	13 093 078.72	21 365 899.37	3 578 306.47
减：营业外支出	21 773 991.64	1 839 741.24	14 721 098.43	10 913 833.82
四、利润总额	1 128 986 942.08	1 211 903 231.08	885 003 786.48	886 183 435.82
减：所得税	220 555 175.44	169 958 154.03	118 197 732.14	139 021 784.46
五、净利润	908 431 766.64	1 041 945 077.05	766 806 054.34	747 161 651.36
持续经营净利润	908 431 766.64	1 041 945 077.05	766 806 054.34	747 161 651.36
减：少数股东损益	−93 753 233.21		550 491.55	
归属于母公司所有者的净利润	1 002 184 999.85	1 041 945 077.05	766 255 562.79	747 161 651.36
加：其他综合收益	−90 882 784.52	−7 704 269.17	−9 756 499.74	3 402 603.62
六、综合收益总额	817 548 982.12	1 034 240 807.88	757 049 554.60	750 564 254.98
减：归属于少数股东的综合收益总额	−137 574 555.74		550 491.55	
归属于母公司普通股东综合收益总额	955 123 537.86	1 034 240 807.88	756 499 063.05	750 564 254.98

3. 现金流量表

单位：元

	2018-12-31	2018-12-31	2017-12-31	2017-12-31
报告期	年报	年报	年报	年报
报表类型	合并报表	母公司报表	合并报表	母公司报表
一、经营活动产生的现金流量：				
销售商品、提供劳务收到的现金	5 072 927 290. 57	3 580 788 046. 67	3 535 785 626. 86	2 292 787 474. 84
收到的税费返还	329 763. 00			
收到其他与经营活动有关的现金	202 535 836. 30	141 597 193. 74	90 228 204. 03	46 382 520. 53
经营活动现金流入小计	5 275 792 889. 87	3 722 385 240. 41	3 626 013 830. 89	2 339 169 995. 37
购买商品、接受劳务支付的现金	1 581 296 732. 93	1 304 368 163. 28	985 480 609. 93	845 919 189. 21
支付给职工以及为职工支付的现金	602 833 905. 46	218 065 675. 29	392 100 601. 05	154 710 750. 92
支付的各项税费	741 170 639. 46	426 103 646. 43	537 028 029. 21	354 540 710. 75
支付其他与经营活动有关的现金	1 001 438 387. 14	230 786 847. 95	757 095 593. 59	170 377 667. 21
经营活动现金流出小计	3 926 739 664. 99	2 179 324 332. 95	2 671 704 833. 78	1 525 548 318. 09
经营活动产生的现金流量净额	1 349 053 224. 88	1 543 060 907. 46	954 308 997. 11	813 621 677. 28
二、投资活动产生的现金流量：				
收回投资收到的现金	3 261 874 172. 19	3 080 874 172. 19	901 537 362. 45	756 800 068. 66
取得投资收益收到的现金	49 640 816. 48	47 818 499. 30	28 161 521. 32	23 412 846. 17
处置固定资产、无形资产和其他长期资产收回的现金净额	424 860. 30	187 832. 38		
收到其他与投资活动有关的现金		299 600 000. 00	50 233 900. 00	198 444 358. 92
投资活动现金流入小计	3 311 939 848. 97	3 428 480 503. 87	979 932 783. 77	978 657 273. 75

购建固定资产、无形资产和其他长期资产支付的现金	250 687 415.67	123 651 780.90	153 923 590.05	121 830 254.09
投资支付的现金	3 787 816 000.00	5 106 750 000.00	743 662 150.00	724 000 000.00
取得子公司及其他营业单位支付的现金净额	3 314 402 198.00			
支付其他与投资活动有关的现金		125 816 000.00	5 561 344.25	106 081 496.19
投资活动现金流出小计	7 352 905 613.67	5 356 217 780.90	903 147 084.30	951 911 750.28
投资活动产生的现金流量净额	−4 040 965 764.70	−1 927 737 277.03	76 785 699.47	26 745 523.47
三、筹资活动产生的现金流量：				
吸收投资收到的现金	1 418 000 000.00		6 000 000.00	
其中：子公司吸收少数股东投资收到的现金	1 418 000 000.00		6 000 000.00	
取得借款收到的现金	1 056 178 949.00	410 000 000.00		
筹资活动现金流入小计	2 474 178 949.00	410 000 000.00	6 000 000.00	
偿还债务支付的现金	106 465 041.00			
分配股利、利润或偿付利息支付的现金	503 827 777.40	496 075 245.40	378 565 688.80	378 565 688.80
支付其他与筹资活动有关的现金	119 837 540.00	2 615 040.00	6 667 500.00	6 667 500.00
筹资活动现金流出小计	730 130 358.40	498 690 285.40	385 233 188.80	385 233 188.80
筹资活动产生的现金流量净额	1 744 048 590.60	−88 690 285.40	−379 233 188.80	−385 233 188.80
四、汇率变动对现金的影响	19 168 022.00	523.39	−18 063 687.13	−506.81
五、现金及现金等价物净增加额	−928 695 927.22	−473 366 131.58	633 797 820.65	455 133 505.14
加：期初现金及现金等价物余额	2 649 426 917.48	1 488 562 109.00	2 015 629 096.83	1 033 428 603.86
六、期末现金及现金等价物余额	1 720 730 990.26	1 015 195 977.42	2 649 426 917.48	1 488 562 109.00

图书在版编目（CIP）数据

财务报表分析案例/张新民，钱爱民编著．—2版．—北京：中国人民大学出版社，2019.7
教育部经济管理类核心课程教材
ISBN 978-7-300-27163-7

Ⅰ.①财… Ⅱ.①张… ②钱… Ⅲ.①会计报表－会计分析－案例－高等学校－教材 Ⅳ.①F231.5

中国版本图书馆CIP数据核字（2019）第157976号

"十二五"普通高等教育本科国家级规划教材
教育部经济管理类核心课程教材
财务报表分析案例（第2版）
张新民　钱爱民　编著
Caiwu Baobiao Fenxi Anli

出版发行	中国人民大学出版社
社　　址	北京中关村大街31号
邮政编码	100080
电　　话	010－62511242（总编室） 010－82501766（邮购部） 010－62515195（发行公司） 010－62511770（质管部） 010－62514148（门市部） 010－62515275（盗版举报）
网　　址	http://www.crup.com.cn
经　　销	新华书店
印　　刷	北京溢漾印刷有限公司
规　　格	185 mm×260 mm　16开本
印　　张	13插页1
字　　数	234 000
版　　次	2008年8月第1版 2019年7月第2版
印　　次	2022年11月第4次印刷
定　　价	36.00元

教师教学服务说明

中国人民大学出版社财会出版分社以出版经典、高品质的会计、财务管理、审计等领域各层次教材为宗旨。

为了更好地为一线教师服务，近年来财会出版分社着力建设了一批数字化、立体化的网络教学资源。教师可以通过以下方式获得免费下载教学资源的权限：

在中国人民大学出版社网站 www.crup.com.cn 进行注册，注册后进入“会员中心”，在左侧点击“我的教师认证”，填写相关信息，提交后等待审核。我们将在一个工作日内为您开通相关资源的下载权限。

如您急需教学资源或需要其他帮助，请在工作时间与我们联络：

中国人民大学出版社　财会出版分社

联系电话：010-62515987，62515735

电子邮箱：ckcbfs@crup.com.cn

通讯地址：北京市海淀区中关村大街甲 59 号文化大厦 1501 室（100872）